Voetspore 3

Voetspore, Volume 3

Christha Barnard

Published by Christha Barnard, 2024.

VOETSPORE 3

First edition. June 15, 2024.

ISBN: 979-8227914620

Written by Christha Barnard.

Also by Christha Barnard

footloose
Footloose 3
Footloose 2

Voetspore
Voetspore 3
Voetspore

Standalone
Hoekom Here?
From Depressed to Inspiration with Discipline
Why Lord?
Footloose
Voetspore 2

Inhoudsopgawe

Voetspore 3

Ontdek die Transformerende Krag van die Heilige Gees

Deur

Christha Barnard

Ontdek die Transformerende Krag van die Heilige Gees: Ontdek hoe die Heilige Gees jou lewe diepgaande kan beïnvloed, en goddelike wysheid, leiding en troos kan bring.

Verstaan en Aktiveer Geestelike Gawes: Leer hoe om die gawes van die Heilige Gees, insluitend genesing, profesie en wonderbaarlike kragte, te ontvang en te gebruik om die kerk op te bou en God te verheerlik.

Ervaar 'n Dieper Verhouding met God: Verken praktiese stappe om 'n nader verhouding met God te kweek deur die inwonende teenwoordigheid van die Heilige Gees.

Bybelse Insigte en Persoonlike Toepassings: Dui op ryk Bybelse leringe en werklike toepassings wat die rol van die Heilige Gees in die bemagtiging en transformasie van gelowiges demonstreer.

Bemagtig Jou Geloofsreis: Rust jouself toe met die kennis en gereedskap om in die krag van die Gees te wandel, en 'n lewe vol geloof, doel en geestelike vitaliteit te lei.

Inleiding

Omhels die Krag van die Heilige Gees

Die Krag van die Heilige Gees

Die Christelike reis is een van voortdurende groei, transformasie, en bemagtiging. Sentraal tot hierdie reis is die ervaring van die Heilige Gees, wat gelowiges toerus en bemagtig om hul geloof met moed en doeltreffendheid uit te leef. Onder die baie aspekte van die Gees se werk, staan die doop in die Heilige Gees as 'n kern en dinamiese ervaring wat 'n diepgaande impak op 'n gelowige se lewe kan hê.

Die doop in die Heilige Gees is nie net 'n teologiese konsep nie, maar 'n lewende werklikheid wat talle lewens deur die geskiedenis van die Kerk getransformeer het. Dit dui op 'n dieper onderdompeling in die teenwoordigheid en krag van die Heilige Gees, wat gelowiges in staat stel om 'n voller dimensie van God se genade en doel te ervaar. Hierdie doop gaan dikwels gepaard met geestelike gawes, 'n verhoogde bewustheid van God se teenwoordigheid, en 'n groter ywer vir bediening en diens.

In hierdie boek gaan ons die Bybelse fondament, historiese konteks, en praktiese implikasies van die doop in die Heilige Gees verken. Ons gaan die Skrif ondersoek, veral die gebeure wat in die Boek van Handelinge en die leringe van die Apostels opgeteken is, om die oorsprong en betekenis van hierdie kragtige ervaring te verstaan. Ons gaan ook kyk hoe die vroeë Kerk die gawes van die Gees aanvaar en gemanifesteer het, wat gelei het tot eksponensiële groei en lewendige gemeenskappe van geloof.

Deur getuienisse, teologiese insigte, en praktiese leiding poog hierdie boek om die dooping in die Heilige Gees te verduidelik en jou uit te nooi om hierdie bemagtigende ervaring te soek. Of jy nou nuut is in die geloof, 'n ervare gelowige, of êrens tussenin, die doop in die Heilige Gees is 'n gawe wat beskikbaar is vir almal wat dit opreg begeer.

Ons gaan algemene vrae en wanopvattings aanspreek, en 'n gebalanseerde en Bybels-gegronde perspektief bied oor wat dit beteken om in die Heilige Gees gedoop te wees. Jy sal leer oor die transformerende effekte van hierdie doop, hoe dit jou verhouding met God kan verdiep, en hoe dit jou toerus vir doeltreffende getuienis en bediening.

Terwyl ons op hierdie reis gaan, laat ons ons harte oopmaak vir die volheid van die Heilige Gees. Laat ons bereid wees om in geloof uit te tree, en die gawes en bemagtiging wat God bied, te omhels. Mag hierdie verkenning lei tot 'n vars uitstorting van die Gees in ons lewens, wat 'n passie vir God se werk en 'n dieper verbintenis tot Sy koninkryk aansteek.

Welkom op 'n reis van ontdekking en transformasie. Mag jou hart geroer word, jou geloof versterk word, en jou lewe bemagtig word deur die Heilige Gees soos ons die diepgaande en lewensveranderende ervaring van die doop in die Heilige Gees verken.

Hoofstuk 1: Verhouding

Die Eerste Verhouding tussen die Heilige Gees en Mense in die Bybel

Die Eerste Verhouding tussen die Heilige Gees en Mense in die Bybel

Die eerste verhouding tussen die Heilige Gees en mense in die Bybel kan gevind word in die skeppingsverhaal wat in die Boek van Genesis voorkom. Hier is sleutelgedeeltes wat hierdie verhouding uitlig:

Genesis 1:2

"En die aarde was woes en leeg, en duisternis was op die oppervlakte van die watervloed; en die Gees van God het gesweef oor die waters."

Hierdie vers stel die teenwoordigheid van die Heilige Gees in die skeppingsdaad self voor. Die Gees van God word uitgebeeld as aktief betrokke by die proses, wat sy rol aandui in die bring van orde en lewe aan die chaotiese en vormlose aarde.

Genesis 2:7

"En die Here God het die mens geformeer uit die stof van die aarde en in sy neusgate die asem van die lewe geblaas; en die mens het 'n lewende siel geword." AFR53

Hoewel hierdie vers nie eksplisiet die Heilige Gees noem nie, word die "asem van die lewe" dikwels verstaan as die lewensgeeende gees van God. In Hebreeus is die woord vir asem, "ruach," ook vertaal as gees. Hierdie daad van die blaas van lewe in Adam dui op die intieme verhouding tussen God se Gees en die menslike siel.

Skepping en Goddelike Intervensie:

Hierdie vers beeld God se direkte betrokkenheid uit by die skepping van die mensdom. Dit beklemtoon dat die menslike lewe nie 'n resultaat is van toevallige kans of natuurlike prosesse nie, maar doelbewus deur God self gevorm is.

Erken die belangrikheid van die menslike lewe as 'n geskenk van God. Verstaan dat elke individu doelbewus deur God geskape is en dus inherente waardigheid en waarde het.

Die Asem van die Lewe:

God blaas die "asem van die lewe" in die mens, wat dui op die inblasing van die goddelike essensie of gees. Hierdie daad onderskei die mensdom van die res van die skepping en gee mense die vermoë om 'n verhouding met God te hê.

Erken die geestelike dimensie van die menslike bestaan. Verstaan dat lewe meer is as net fisies; dit behels 'n geestelike verbinding met God, die bron van die lewe.

Menslike Identiteit en Doel:

Die frase "'n lewende siel" beklemtoon die unieke status van die mensdom as lewende wesens wat na die beeld van God gemaak is. Hierdie beeld-draende aard gee mense 'n gevoel van doel en verantwoordelikheid om God se skepping te bestuur.

Omhels jou identiteit as 'n beeld-draer van God. Erken dat jy geskape is vir 'n verhouding met God en vir 'n doel in sy goddelike plan.

Eenheid van Liggaam en Gees:

Die skepping van die mens dui op 'n eenheid tussen liggaam en gees, wat 'n volledige menslike bestaan vorm wat beide fisiese en geestelike aspekte insluit.

Verstaan die komplekse aard van jou bestaan, wat 'n eenheid van liggaam en gees omvat, en aanvaar die verantwoordelikheid om in 'n verhouding met God te leef en sy skepping met respek en sorg te bestuur.

Hierdie gedeeltes bied 'n diepgaande insig in die vroeë verhouding tussen die Heilige Gees en die mens, wat die basis lê vir 'n dieper begrip van die mens se plek in God se skeppingsdoel.

Eenheid van Liggaam en Gees

Die fisiese daad van God om die mens uit die stof van die grond te vorm simboliseer die materiële aspek van die mensdom, terwyl die goddelike asem die geestelike aspek verteenwoordig. Saam illustreer hulle die holistiese aard van menslike bestaan.

Verstaan die onderlinge verband van liggaam, siel en gees. Erken die belangrikheid daarvan om beide jou fisiese en geestelike welstand te versorg.

God se Soewereiniteit en Kreatiwiteit

Genesis 2:7 beklemtoon God se soewereiniteit as die uiteindelike Skepper wat die mag het om lewe te bring. Dit wys op Sy kreatiwiteit en wysheid in die ontwerp van die mensdom met beide fisiese en geestelike komponente.

Vertrou op God se kreatiewe krag en soewereiniteit oor alle aspekte van die lewe. Gee oor aan Sy ontwerp en doel vir jou bestaan, wetende dat Hy jou uniek geskep het tot Sy eer.

Die Diepe Insigte van Genesis 2:7

Genesis 2:7 bied diepgaande insigte oor die oorsprong en aard van die mensdom, wat ons herinner aan God se intieme betrokkenheid by ons skepping. Dit roep ons op om die geestelike dimensie van die menslike lewe te erken, ons identiteit as beeld-draers van God te omhels, en te lewe in ooreenstemming met Sy doel en ontwerp. Terwyl ons oor hierdie fundamentele vers nadink, mag ons 'n dieper waardering kry vir die heiligheid van die menslike lewe en die goddelike asem van die lewe wat ons lewendig maak.

Hoofstuk 2: Lewende Water

Johannes 7:38

"Hy wat in My glo, soos die Skrif gesê het, strome van lewende water sal uit sy binneste vloei."

Hierdie vers is deel van Jesus se leringe tydens die Fees van Tabernakels (Sukkot), 'n Joodse fees wat God se voorsiening en teenwoordigheid vier. Die agtergrond is betekenisvol aangesien dit temas van water, lig, en God se verlossing beklemtoon. Jesus gebruik die frase "lewende water" om diep geestelike waarhede oor te dra.

Geloof in Jesus

Die frase "Hy wat in My glo" beklemtoon die noodsaaklikheid van geloof in Jesus as die grondslag vir die ontvangs van geestelike seëninge. Geloof in Jesus word voorgestel as 'n transformerende ervaring.

Skriftuurlike Vervulling

"Soos die Skrif gesê het" dui daarop dat Jesus verwys na Ou Testamentiese profesieë of leringe. Terwyl geen enkele Ou Testament-vers hierdie aanhaling presies ooreenstem nie, herhaal verskeie gedeeltes soortgelyke temas, soos Jesaja 44:3, Esegiël 47:1-12, en Sagaria 14:8, wat praat van water wat God se Gees en seën simboliseer wat uit Sy volk vloei.

Lewende Water

Die frase "strome van lewende water" verwys na die Heilige Gees (soos verduidelik in Johannes 7:39), wat lewe, verfrissing en geestelike vernuwing bring. In antieke tye het "lewende water" verwys na vloeiende, vars water, wat gesien is as 'n vitale en suiwerende krag. Hier simboliseer dit die geestelike vitaliteit en deurlopende vloei van lewe wat van die Heilige Gees kom.

Uit Sy Buik:

Die term "buik" is simbolies van die diepste wese van 'n persoon. Dit impliseer dat uit die kern van diegene wat in Jesus glo, 'n oorvloedige en lewensgewende teenwoordigheid sal vloei, wat beide die gelowige en diegene rondom hulle sal beïnvloed.

Historiese en Kulturele Konteks

Fees van Tabernakels:

Tydens die Fees van Tabernakels het die Jode 'n watergietseremonie uitgevoer, wat God se voorsiening simboliseer en die koms van die Messias en die uitstorting van die Gees antisipeer. Jesus se verklaring kan gesien word as 'n vervulling en transformasie van hierdie ritueel, en Hy verklaar Homself as die bron van die lewende water.

Joodse Simboliek:

Water was in die Joodse tradisie 'n kragtige simbool van lewe, reiniging, en God se seën. Deur te verklaar dat gelowiges riviere van lewende water uit hulle binneste sou hê, het Jesus sy bediening gekoppel aan diepgewortelde Joodse hoop vir goddelike vernuwing en seën.

Teologiese Implikasies

Inwoning van die Heilige Gees:

Hierdie vers antisipeer die gawe van die Heilige Gees, wat in gelowiges sou woon ná Jesus se hemelvaart. Die Heilige Gees word beskryf as 'n ewige bron van lewe en geestelike onderhoud, wat 'n nuwe verbondsverhouding met God aandui.

Transformasie en Sending:

Die lewende water transformeer nie net die gelowige se innerlike lewe nie, maar vloei ook uit na ander, wat die gelowige se rol simboliseer om God se lewensgewende teenwoordigheid met die wêreld te deel. Dit sluit aan by die konsep dat Christene kanale is van God se genade en liefde.

Praktiese Toepassing

Geestelike Vitaliteit:

Gelowiges kan verstaan dat 'n verhouding met Jesus deurlopende geestelike vernuwing en vitaliteit bring, soortgelyk aan vars, vloeiende water. Dit impliseer dat geestelike groei 'n voortdurende en dinamiese proses is.

Invloed op Ander:

Die beeld van riviere van lewende water wat uit 'n gelowige vloei, suggereer dat Christene geroep is om ander positief te beïnvloed, en om die liefde, vreugde, en lewe wat in Christus gevind word, te deel. Dit moedig 'n geloof aan wat na buite gerig is en wat daarna streef om ander te seën en te voed.

Afhanklikheid van Jesus:

Net soos lewende water noodsaaklik is vir fisiese lewe, is afhanklikheid van Jesus en die Heilige Gees noodsaaklik vir geestelike lewe. Hierdie vers roep op tot 'n diep afhanklikheid van Christus vir instandhouding en groei.

Opsomming

Johannes 7:38 omvat die belofte van geestelike lewe en vernuwing deur geloof in Jesus, en beklemtoon die transformerende krag van die Heilige Gees. Dit beklemtoon die gelowige se rol om hierdie lewe met ander te deel, en dui op die dinamiese en uitwaartse aard van ware geloof. Deur hierdie vers leer ons oor die noodsaaklikheid van geloof in Jesus, die belofte van die Heilige Gees, en die oproep om 'n lewe te lei wat God se lewensgewende teenwoordigheid reflekteer en deel.

Verstaan "Buik" in Johannes 7:38

Die term "buik" in hierdie konteks is 'n vertaling van die Griekse woord "koilia" (κοιλία), wat na die maag of baarmoeder kan verwys, maar ook metafories na die diepste deel van 'n persoon, dikwels geassosieer met emosies, begeertes, of die gees. Kom ons verken dit verder:

Metaforiese Betekenis

In die Bybelse en kulturele konteks verwys "buik" nie net na die fisiese maag nie, maar simboliseer dit die diepste deel van 'n persoon, soortgelyk aan wat ons dalk die "hart" of "siel" sou noem. Dit verteenwoordig die kern van 'n mens se wese, waar diep geestelike ervarings en emosies voorkom.

Die gebruik is metafories en dui daarop dat die inwoning van die Heilige Gees nie beperk is tot 'n fisiese plek nie, maar eerder 'n persoon se hele wese deurdring, veral die sentrum van lewe en geestelike aktiwiteit.

Simboliek van Water

Water, veral "lewende water" (vloeiende, vars water), simboliseer lewe, reiniging, en die teenwoordigheid van die Heilige Gees. In Bybelse simboliek is water noodsaaklik vir die lewe en verteenwoordig dit die onderhoud en verfrissing wat van God kom.

Die "riviere van lewende water" impliseer 'n voortdurende, oorvloedige en lewensgewende teenwoordigheid, wat die dinamiese en voortdurend vernuwing van die Heilige Gees se werk binne gelowiges aandui.

Die Inwoning van die Heilige Gees

Volgens Christelike teologie woon die Heilige Gees binne gelowiges en vul hulle met goddelike teenwoordigheid, leiding en lewe. Die frase "uit sy buik" dui aan dat uit die dieptes van 'n gelowige se wese die Heilige Gees uitvloei en hul lewe en optrede beïnvloed.

Die inwoning van die Heilige Gees transformeer gelowiges van binne na buite, wat hulle in staat stel om hul geloof dinamies uit te leef en ander te beïnvloed.

Teologiese en Praktiese Implikasies

Innerlike Transformasie:

Die verwysing na die "buik" as die woonplek van die Heilige Gees beklemtoon die transformasie wat op die diepste vlak van 'n persoon se wese plaasvind. Die Gees se teenwoordigheid bring diepgaande veranderinge in iemand se gedagtes, emosies en wil.

Hierdie innerlike transformasie lei tot die uiterlike manifestasie van geestelike vitaliteit en invloed, soortgelyk aan riviere van lewende water wat van binne af vloei.

Voortdurende Bron van Geestelike Lewe:

Net soos 'n rivier 'n deurlopende bron van water bied, voorsien die Heilige Gees 'n nooit-eindigende bron van geestelike lewe, vernuwing en bemagtiging vir gelowiges.

Die beeldspraak suggereer dat gelowiges nie net ontvangers van God se genade is nie, maar ook kanale waardeur die Gees se lewe en krag na ander vloei.

Geestelike Oorvloei:

Die idee dat "riviere van lewende water" uit 'n gelowige se diepste wese sal vloei, dui daarop dat die teenwoordigheid van die Heilige Gees nie staties is nie. Dit is aktief en vloei oor in elke aspek van die lewe en in die lewens van ander.

Hierdie oorvloeiende werking van die Gees herinner ons daaraan dat ons geroep is om 'n positiewe invloed uit te oefen en God se liefde en genade te deel met die wêreld rondom ons.

Persoonlike en Gemeenskapsimpak:

Op 'n persoonlike vlak verskaf die inwonende Gees leiding, vertroosting en groei. Op 'n gemeenskapsvlak simboliseer die vloeiende riviere hoe gelowiges deur hulle Gees-geleide dade en woorde bydra tot die geestelike welsyn en groei van hul gemeenskappe.

Die beeldspraak versterk die konsep van gelowiges as vate waardeur God se Gees en seëninge met ander gedeel word.

Beelde uit die Ou Testament:

Die idee van water wat uit 'n sentrale plek vloei om lewe te bring, is teenwoordig in verskeie Ou-Testamentiese gedeeltes, soos Esegiël se visioen van 'n rivier wat uit die tempel vloei (Esegiël 47:1-12) en die belofte van water wat op die dorre land uitgegiet word in Jesaja 44:3. Hierdie gedeeltes weerspieël die lewensgewende en vernuwende krag van God se teenwoordigheid en Gees.

Hierdie beelde beklemtoon dat God se Gees lewe en transformasie bring, temas wat weerklank vind in Jesus se lering in Johannes 7:38.

Leringe uit die Nuwe Testament:

Ander Nuwe-Testamentiese gedeeltes bevestig die idee van die Heilige Gees wat in gelowiges woon en geestelike vrug voortbring (bv. Galasiërs 5:22-23, Romeine 8:9-11). Die inwonende Gees word beskryf as 'n seël, waarborg en bron van krag vir die gelowige se lewe en bediening.

Jesus se belofte van die Heilige Gees as 'n helper en bron van lewende water word verder uitgebrei in gedeeltes soos Johannes 14:16-17 en Johannes 16:7-15, waar die Heilige Gees beskryf word as 'n inwonende advokaat en leermeester.

Opsomming

In Johannes 7:38 (AFR53), gebruik die frase "uit sy buik sal strome van lewende water vloei" "buik" as 'n metafoor vir die diepste deel van 'n persoon, wat simboliseer waar die Heilige Gees woon. Hierdie gedeelte beklemtoon dat die Heilige Gees se teenwoordigheid binne gelowiges diep, transformerende verandering bring, wat lei tot 'n oorvloedige en lewensgewende invloed wat na buite vloei en sowel die gelowige as diegene rondom hulle beïnvloed. Die beeldspraak van lewende water beklemtoon die voortdurende en vernuwende werk van die Heilige Gees, en roep gelowiges op tot 'n lewe van geestelike volheid en uitreiking.

Hoofstuk 3: Wag!

Handelinge 1:4-5 (AFR53)

4 "En toe Hy saam met hulle vergader was, het Hy hulle beveel om nie van Jerusalem weg te gaan nie, maar om die belofte van die Vader af te wag wat julle, het Hy gesê, van My gehoor het.

5 Want Johannes het wel met water gedoop, maar julle sal oor 'n paar dae met die Heilige Gees gedoop word."

Hierdie verse, gevind in Handelinge 1:4-5, vang 'n belangrike oomblik net voor Jesus se hemelvaart vas. Hy gee sy dissipels opdrag om in Jerusalem te wag vir die beloofde doop met die Heilige Gees.

Die Belofte van die Heilige Gees:

Jesus verwys na die "belofte van die Vader," wat aandui dat die doop met die Heilige Gees iets was wat voorspel en verwag is. Hierdie belofte was nie nuut nie; die dissipels het reeds daarvan gehoor by Jesus tydens sy bediening.

God is getrou om sy beloftes te vervul. Net soos die dissipels afwagtend gewag het op die Heilige Gees, kan ons vertrou op God se getrouheid om sy beloftes in ons lewens te vervul, insluitend die beloftes van sy teenwoordigheid, leiding, en bemagtiging deur die Heilige Gees.

Die Onderskeid tussen Waterdoop en Doop met die Heilige Gees:

Jesus kontrasteer Johannes se doop met water met die doop met die Heilige Gees wat die dissipels binnekort sou ervaar. Johannes se doop het bekering en voorbereiding vir die koms van die Messias gesimboliseer, terwyl die doop met die Heilige Gees gelowiges sou bemagtig vir bediening en diens.

Die doop met die Heilige Gees is onderskeidend van waterdoop en verteenwoordig 'n dieper, geestelike ervaring. Terwyl waterdoop ons identifikasie met Christus se dood en opstanding beteken, bemagtig die doop met die Heilige Gees ons vir 'n lewe vol krag en diens in die Koninkryk van God.

Die Tydsberekening en Bron van die Doop met die Heilige Gees:

Jesus sê vir die dissipels dat hulle oor 'n paar dae met die Heilige Gees gedoop sal word, wat aandui dat die vervulling van hierdie belofte naby was.

God se tydsberekening is perfek, en sy planne ontvou volgens sy goddelike skedule. Net soos die dissipels moes wag vir die aangewese tyd om die Heilige Gees te ontvang, moet ons vertrou op God se tydsberekening vir die vervulling van sy beloftes in ons lewens.

Die Rol van die Heilige Gees in die Bemagtiging van Gelowiges:

Jesus se opdrag om te wag vir die doop met die Heilige Gees beklemtoon die belangrikheid van die Heilige Gees se bemagtiging vir effektiewe bediening en getuienis.

Die Heilige Gees bemagtig gelowiges vir diens, deur hulle toe te rus met geestelike gawes, moed en wysheid om hul roeping en missie te vervul. As gelowiges is ons afhanklik van die Heilige Gees se leiding en krag om God se werk in die wêreld uit te voer.

Die Noodsaak van Voorbereiding en Verwagsaamheid:

Jesus beveel die dissipels om nie van Jerusalem weg te gaan nie, maar om te wag vir die Heilige Gees. Hierdie tydperk van wag was 'n tyd van voorbereiding en verwagsaamheid vir wat God op die punt was om te doen.

Voorbereiding en verwagsaamheid is noodsaaklik om die volheid van God se seëninge en beloftes te ontvang. Net soos die dissipels in gebedsvolle afwagting gewag het, word ons geroep om 'n houding van gereedheid en verwagsaamheid te kweek vir die werk van die Heilige Gees in ons lewens.

Opsomming:

Hierdie verse beklemtoon die belofte, tydsberekening en betekenis van die doop met die Heilige Gees. Hulle beklemtoon die belangrikheid van God se getrouheid, die onderskeid tussen waterdoop en die doop met die Heilige Gees, die rol van die Heilige Gees in die bemagtiging van gelowiges, en die noodsaaklikheid van voorbereiding en verwagsaamheid in die ontvangs van God se seëninge.

Hoofstuk 4: Ontvang Krag

"Maar julle sal krag ontvang wanneer die Heilige Gees oor julle kom, en julle sal my getuies wees in Jerusalem sowel as in die hele Judea en Samaria en tot aan die uiterste van die aarde." – Handelinge 1:8 (AFR53)

Uit hierdie vers kan jy verskeie belangrike lesse leer:

Die Bron van Krag

Die krag wat gelowiges ontvang, kom van die Heilige Gees. Dit dui daarop dat die sterkte, moed en vermoë om God se werk te verrig, goddelik voorsien word eerder as dat dit op menslike inspanning alleen berus.

Doel van die Krag

Die hoofdoel van die ontvangs van hierdie krag is om getuies van Jesus Christus te wees. Dit behels om die boodskap van Jesus se lewe, dood en opstanding te deel en dissipels te maak.

Omvang van die Sending

Die sending om getuies te wees, begin plaaslik ("in Jerusalem"), brei uit na die streek ("in die hele Judea en Samaria"), en strek uiteindelik wêreldwyd ("tot aan die uiterste van die aarde"). Dit dui op die progressiewe aard van Christelike evangelisasie en sendingwerk.

Bemagtiging vir Bediening

Die vers beklemtoon dat effektiewe bediening en getuienis afhang van die bemagtiging van die Heilige Gees. Dit is 'n herinnering dat geestelike take geestelike hulpbronne vereis.

Goddelike Opdrag

Jesus se woorde in Handelinge 1:8 kan gesien word as 'n opdragverklaring vir sy volgelinge, wat hulle 'n duidelike mandaat gee en die versekering van goddelike bystand.

Opsomming

Handelinge 1:8 leer oor die noodsaaklikheid van die krag van die Heilige Gees vir die vervulling van die sending om van Jesus te getuig, die uitgebreide aard van daardie sending, en die afhanklikheid van goddelike bemagtiging vir effektiewe bediening.

Hoofstuk 5: Pinkster

Handelinge 2:1-2 beskryf die dramatiese en transformerende gebeurtenis van die Heilige Gees wat op die apostels neerdaal op die Pinksterdag.

"En toe die dag van Pinkster vervul is, was hulle almal eensgesind bymekaar.

2 En daar kom skielik 'n geluid uit die hemel soos van 'n geweldige rukwind, en dit het die hele huis gevul waar hulle gesit het." Handelinge 2:1-2

Eenheid in Gebed en Doel:

Die dissipels was "almal saam in een plek," wat hul eenheid en gedeelde doel aandui. Hulle was in gebed en verwagting van die Heilige Gees, soos Jesus beveel het.

Verwagting van God se Beloftes:

Hulle het in geloof gewag vir die belofte van die Heilige Gees. Dit leer die belangrikheid van vertroue in God se beloftes en geduld vir Sy tydsberekening.

Manifestasie van God se Krag:

Die skielike koms van die Heilige Gees met 'n geluid soos van 'n geweldige rukwind toon God se krag en die dramatiese manier waarop Hy in menslike sake kan ingryp.

Voorbereiding vir Sending:

Die koms van die Heilige Gees het die dissipels toegerus vir hul sending. Dit beklemtoon die belangrikheid van geestelike voorbereiding en bemagtiging vir die take waartoe God ons roep.

Toepassing in Vandag se Lewe

Kweek Eenheid en Gemeenskap:

Soos die dissipels, poog om 'n sterk sin van gemeenskap en eenheid met mede-gelowiges te bou. Dit kan gedoen word deur gereelde byeenkomste vir gebed, aanbidding en onderlinge ondersteuning.

Kweek 'n Gebedsverwagting:

Neem deel aan gebed met die verwagting dat God Sy beloftes sal vervul. Ontwikkel 'n gewoonte om nie net individueel te bid nie, maar ook kollektief as 'n gemeenskap.

Wees Oop vir die Heilige Gees:

Wees oop en sensitief vir die werke van die Heilige Gees in jou lewe. Dit behels om aandagtig te wees vir geestelike ervarings en gewillig te wees om te handel op die aanmoedigings van die Heilige Gees.

Toerus Jouself Geestelik:

Berei jouself voor vir die take wat God vir jou het deur geestelike groei en volwassenheid na te streef. Dit kan bereik word deur die Bybel te bestudeer, aan kerklike aktiwiteite deel te neem, en leiding te soek by geestelike mentors.

Soek en Omhels God se Krag:

Erken dat geestelike krag van God kom en nie net van menslike pogings nie. Bid vir die Heilige Gees om jou te vul en te bemagtig vir wat ook al God jou roep om te doen.

Omhels en Vier Geestelike Momente:

Soos Pinkster 'n betekenisvolle gebeurtenis was, vier en erken betekenisvolle geestelike momente in jou lewe en die lewe van jou gemeenskap. Hierdie kan dien as herinneringe aan God se aktiewe teenwoordigheid en krag.

Opsommend, Handelinge 2:1-2 leer die belangrikheid van eenheid, gebedsverwagting, openheid vir die Heilige Gees, en geestelike voorbereiding. Deur hierdie kwaliteite in jou lewe en gemeenskap te koester, kan jy 'n omgewing skep waar die Heilige Gees vandag kragtig kan werk.

Hoofstuk 6: Spreek in Tale

Die Gees het hulle Toespraak Gegee

3. En daar het aan hulle verskyn verdeelde tonge soos van vuur, en dit het op elkeen van hulle gaan sit.

4. En hulle is almal vervul met die Heilige Gees en het begin spreek in ander tale, soos die Gees aan hulle gegee het om uit te spreek. Handelinge 2:3-4 KJV

In Handelinge 2:4 verwys die frase "die Gees het hulle toespraak gegee" na die gebeurtenis waar die Heilige Gees die dissipels in staat gestel het om in verskillende tale of tonge te praat.

Goddelike Bemagtiging

"Die Gees het hulle toespraak gegee": Dit beteken dat die Heilige Gees die dissipels bemagtig en geïnspireer het om te praat. Dit was nie deur hul eie vermoëns of geleerdheid nie, maar deur die bonatuurlike ingryping van die Heilige Gees.

Spreek in Tale

Tale: Die dissipels het in verskillende tale gepraat wat deur die diverse skare in Jerusalem vir Pinkster verstaan is. Hierdie wonderbaarlike vermoë het mense van verskillende streke toegelaat om die evangelie in hul moedertale te hoor.

Doel: Die onmiddellike doel was om die boodskap van Jesus Christus effektief aan 'n breë gehoor oor te dra, wat die krag en universaliteit van die evangelie demonstreer.

Hierdie vers stel uitdruklik dat die dissipels vervul was met die Heilige Gees en begin het om in ander tale te spreek soos deur die Gees gegee. Handelinge 2:6-8: "En toe hierdie geluid plaasvind, het die skare bymekaar gekom en was in verwarring, omdat elkeen sy eie taal gehoor het wat gespreek word. Heeltemal verstom, het hulle gevra: 'Is hierdie mense wat praat nie almal Galileërs nie? Hoe is dit dan dat elkeen van ons hulle in ons moedertaal hoor praat?'"

Hierdie verse illustreer die wonderbaarlike aard van die gebeurtenis, waar mense van verskillende streke die dissipels in hul moedertale hoor praat het.

Hoofstuk 7: Hemelse Taal

Die konsep van spreek in tale, dikwels verwys as 'n "hemelse taal," is afgelei van verskeie gedeeltes in die Nuwe Testament. Hierdie geestelike gawe, ook bekend as glossolalie, word deur baie Christene beskou as 'n manier om direk met God te kommunikeer in 'n taal wat menslike begrip te bowe gaan. Hier is 'n paar sleutel aspekte en Skrifverwysings wat hierdie verskynsel verduidelik:

Bybelse Grondslag vir Spreek in Tale

Handelinge 2:1-4:

Die eerste voorval van spreek in tale gebeur tydens Pinkster. Die dissipels het in verskeie menslike tale gepraat wat hulle voorheen nie geken het nie, wat mense van verskillende streke toegelaat het om die evangelie te verstaan.

"Aan 'n ander die werk van kragte, aan 'n ander profesie, aan 'n ander onderskeiding van geeste, aan 'n ander verskillende tale, en aan 'n ander uitlegging van tale." 1 Korintiërs 14:2

1 Korintiërs 12:7-11:

Hierdie gedeelte bespreek die gawes van die Heilige Gees, insluitend spreek in tale, wat vir die algemene voordeel gegee word en soos die Gees bepaal. "Maar aan elkeen word die openbaring van die Gees gegee tot die algemene voordeel. Aan die een word deur die Gees 'n boodskap van wysheid gegee, aan 'n ander 'n boodskap van kennis deur dieselfde Gees, aan 'n ander verskillende tale, en aan 'n ander die uitleg van tale. Al hierdie dinge werk een en dieselfde Gees, wat aan elkeen uitdeel soos Hy wil."

Betekenis vir Gelowiges Vandag

Afhanklikheid van die Heilige Gees:

Gelowiges word herinner om op die Heilige Gees te vertrou vir leiding, inspirasie en bemagtiging in hul geestelike lewens en bediening.

Verskeidenheid van Gawes:

Die Heilige Gees gee verskeie gawes aan gelowiges vir die opbou van die kerk en die verspreiding van die evangelie. Spreek in tale is een so 'n gawe wat die werk van die Heilige Gees aandui.

Effektiewe Getuienis:

Soos die dissipels in staat gestel is om die evangelie effektief te kommunikeer aan mense van verskillende tale en kulture, word gelowiges vandag aangemoedig om die hulp van die Heilige Gees te soek in getuienis en bediening.

Eenheid in Diversiteit:

Die gebeurtenis tydens Pinkster toon die inklusiewe aard van God se boodskap, wat kulturele en taalgrense oorbrug, en eenheid bring onder diverse groepe deur die Heilige Gees.

Praktiese Toepassing

Gebed vir die Heilige Gees se Leiding:

Bid gereeld vir die leiding van die Heilige Gees oor jou woorde en dade, veral in die deel van die evangelie en bediening aan ander.

Oop Wees vir Geestelike Gawes:

Wees oop vir die verskeie gawes van die Heilige Gees en poog om dit gepas te verstaan en te gebruik vir die voordeel van die kerk en die verspreiding van die evangelie.

Effektiewe Kommunikasie:

Vertrou op die Heilige Gees om jou te help om effektief te kommunikeer, hetsy deur taal, dade, of ander middele, om mense met die boodskap van Christus te bereik.

In wese beklemtoon "die Gees het hulle toespraak gegee" die goddelike oorsprong van hul vermoë om in ander tale te praat, wat die rol van die Heilige Gees in die bemagtiging van gelowiges vir bediening en die kommunikasie van die evangelie benadruk.

Paulus beskryf spreek in tale as 'n manier om met God te praat, nie met mense nie, wat 'n private of hemelse taal suggereer. "Elkeen wat in 'n tong spreek, praat nie met mense nie, maar met God. Want niemand verstaan hom nie; hy spreek geheime deur die Gees." 1 Korintiërs 14:4 KJV "Hy wat in 'n onbekende tong spreek, bou homself op; maar hy wat profeteer, bou die kerk op."

Spreek in tale word gesien as 'n manier om jouself op te bou, om jou gees op te bou.

"Daarom, laat hy wat in 'n onbekende tong spreek, bid dat hy dit kan uitlê. Want as ek in 'n onbekende tong bid, bid my gees, maar my verstand is onvrugbaar. Wat sal ek dan doen? Ek sal met die gees bid, en ek sal ook met die verstand bid; ek sal met die gees sing, en ek sal ook met die verstand sing." 1 Korintiërs 14:13-15 KJV

Paulus beveel aan dat diegene wat in tale spreek, moet bid vir die vermoë om dit uit te lê sodat die kerk opgebou kan word. Hy beklemtoon ook om met beide die gees en die verstand te bid en te sing. "Daarom moet die een wat in 'n tong praat, bid dat hy dit kan uitlê. Want as ek in 'n tong bid, bid my gees, maar my verstand is onvrugbaar. Wat sal ek dan doen? Ek sal met my gees bid, maar ek sal ook met my verstand bid; ek sal met my gees sing, maar ek sal ook met my verstand sing."

Verstaan die "Hemelse Taal"

Direkte Kommunikasie met God:

Spreek in tale word dikwels gesien as 'n vorm van direkte, intieme kommunikasie met God. Dit oorkom die beperkings van menslike taal en begrip, wat die spreker se gees toelaat om met die Heilige Gees te kommunikeer.

Geheime Gesê deur die Gees:

Paulus beskryf tale as die spreek van geheime deur die Gees. Hierdie geheime is bo menslike begrip en is 'n vorm van geestelike uitdrukking wat lofprysing, gebed, en aanbidding kan insluit.

Persoonlike Opbou:

Spreek in tale kan die individu se geloof en geestelike lewe opbou. Dit is 'n manier om jou innerlike wese te versterk en 'n dieper verbinding met God te koester.

Gemeentelike Opbou deur Uitlê:

Alhoewel tale 'n persoonlike geestelike praktyk kan wees, beklemtoon Paulus die belangrikheid van uitlê in 'n gemeenskaplike setting sodat die hele gemeente opgebou kan word en die boodskap verstaan kan word.

Praktiese Toepassing in Vandag se Lewe

Soek die Gawe:

As jy aangetrokke voel tot hierdie geestelike gawe, bid en vra die Heilige Gees om jou die vermoë te gee om in tale te spreek, sowel as die begrip en onderskeiding om dit toepaslik te gebruik.

Gebruik in Persoonlike Gebed:

Inkoporeer spreek in tale in jou persoonlike gebedslewe as 'n manier om jou geestelike ervaring te verdiep en jou kommunikasie met God te verbeter.

Respek en Orde in Openbare Aanbidding:

In 'n kerksetting, volg Paulus se riglyne in 1 Korintiërs 14 om te verseker dat die gebruik van tale ordelik en opbouend vir die hele gemeente is. Dit kan insluit om 'n uitlegger aanwesig te hê as tale hardop in 'n diens gespreek word.

Onderskeiding en Sensitiwiteit:

Wees onderskeidend en sensitief vir die leiding van die Heilige Gees oor wanneer en hoe om hierdie gawe te gebruik. Dit is belangrik om te verseker dat dit positief bydra tot jou geestelike groei en die opbou van ander.

Spreek in tale as 'n "hemelse taal" is 'n betekenisvolle en soms komplekse aspek van Christelike spiritualiteit. Dit behels direkte kommunikasie met God, die spreek van geheime deur die Gees, en kan 'n kragtige hulpmiddel wees vir persoonlike opbouing en gemeenskaplike aanbidding wanneer dit gepas gebruik word. Deur die leiding van die

Heilige Gees te soek en Bybelse beginsels te volg, kan gelowiges die diepgaande voordele van hierdie geestelike gawe ervaar.

1 Korintiërs 12:7-11:

Hierdie gedeelte bespreek die gawes van die Heilige Gees, insluitend spreek in tale, wat gegee word vir die algemene voordeel en soos die Gees bepaal. "Maar aan elkeen word die openbaring van die Gees gegee tot die algemene voordeel. Aan die een word deur die Gees 'n boodskap van wysheid gegee, aan 'n ander 'n boodskap van kennis deur dieselfde Gees, aan 'n ander verskillende tale, en aan 'n ander die uitleg van tale. Al hierdie dinge werk een en dieselfde Gees, wat aan elkeen uitdeel soos Hy wil."

Betekenis vir Gelowiges Vandag

Afhanklikheid van die Heilige Gees:

Gelowiges word herinner om op die Heilige Gees te vertrou vir leiding, inspirasie en bemagtiging in hul geestelike lewens en bediening.

Verskeidenheid van Gawes:

Die Heilige Gees gee verskeie gawes aan gelowiges vir die opbou van die kerk en die verspreiding van die evangelie. Spreek in tale is een so 'n gawe wat die werk van die Heilige Gees aandui.

Effektiewe Getuienis:

Soos die dissipels in staat gestel is om die evangelie effektief te kommunikeer aan mense van verskillende tale en kulture, word gelowiges vandag aangemoedig om die hulp van die Heilige Gees te soek in getuienis en bediening.

Eenheid in Diversiteit:

Die gebeurtenis tydens Pinkster toon die inklusiewe aard van God se boodskap, wat kulturele en taalgrense oorbrug en eenheid bring onder diverse groepe deur die Heilige Gees.

Praktiese Toepassing

Gebed vir die Heilige Gees se Leiding:

Bid gereeld vir die leiding van die Heilige Gees oor jou woorde en dade, veral in die deel van die evangelie en bediening aan ander.

Oop Wees vir Geestelike Gawes:

Wees oop vir die verskeie gawes van die Heilige Gees en poog om dit gepas te verstaan en te gebruik vir die voordeel van die kerk en die verspreiding van die evangelie.

Effektiewe Kommunikasie:

Vertrou op die Heilige Gees om jou te help om effektief te kommunikeer, hetsy deur taal, dade, of ander middele, om mense met die boodskap van Christus te bereik.

In wese beklemtoon "die Gees het hulle toespraak gegee" die goddelike oorsprong van hul vermoë om in ander tale te praat, wat die rol van die Heilige Gees in die bemagtiging van gelowiges vir bediening en die kommunikasie van die evangelie benadruk.

Hoofstuk 8: Gawes van die Hielige Gees

1 Korintiërs 12:10 (AFR83):

"Aan 'n ander die werking van kragte; aan 'n ander profesie; aan 'n ander onderskeiding van geeste; aan 'n ander verskillende soorte tale; aan 'n ander uitleg van tale."

1 Korintiërs 12:10 is deel van 'n breër gedeelte waar die apostel Paulus geestelike gawes bespreek wat deur die Heilige Gees aan gelowiges gegee word vir die algemene voordeel van die kerk. Hier is die vers in konteks:

1 Korintiërs 12:7-11 (AFR83):

"Maar aan elkeen word die openbaring van die Gees gegee tot voordeel van almal. Aan die een word deur die Gees 'n boodskap van wysheid gegee, aan 'n ander 'n boodskap van kennis volgens dieselfde Gees; aan 'n ander geloof deur dieselfde Gees; aan 'n ander gawes van gesondmaking deur dieselfde Gees; aan 'n ander werking van kragte; aan 'n ander profesie; aan 'n ander onderskeiding van geeste; aan 'n ander verskillende soorte tale; en aan 'n ander uitleg van tale. Maar al hierdie dinge werk een en dieselfde Gees, wat aan elkeen uitdeel soos Hy wil."

Hoofstuk 9: Geestelike Gawe Woord van Wysheid

Boodskap van Wysheid (Woord van Wysheid):

Die vermoë om wyse raad te gee, dikwels met 'n diep begrip van God se wil en die toepassing van Bybelse waarhede op komplekse situasies. Dit behels die verskaffing van insiggewende advies in persoonlike, professionele, of bedieningskontekste, wat ander help om moeilike besluite met goddelike wysheid te neem.

1 Korintiërs 12 openbaar God se wysheid deur die doelgerigte verdeling en harmonieuse integrasie van geestelike gawes binne die kerk. Hierdie wysheid beklemtoon diversiteit, eenheid, onderlinge afhanklikheid, en die algemene voordeel, wat 'n gemeenskap bevorder wat God se karakter weerspieël en Sy doeleindes vervul. Deur hierdie beginsels te verstaan en toe te pas, kan gelowiges bydra tot 'n lewendige, dinamiese en verenigde liggaam van Christus wat effektief dien en God verheerlik.

Om God se wysheid volgens 1 Korintiërs 12 te verstaan, moet ons die breër konteks van die hoofstuk en sy temas ondersoek. Alhoewel 1 Korintiërs 12 hoofsaaklik fokus op geestelike gawes en die eenheid van die liggaam van Christus, weerspieël dit ook onderliggende aspekte van God se wysheid in die verspreiding van hierdie gawes en die orkestrering van die kerk se funksionering. Kom ons kyk na die hoofelemente van die hoofstuk en hoe hulle God se wysheid openbaar.

1 Korintiërs 12: Konteks en Sleuteltemas

Hoofstukoorsig:

1 Korintiërs 12 is deel van Paulus se brief aan die Korintiërs, waarin hy die diversiteit van geestelike gawes onder gelowiges bespreek en die eenheid en onderlinge afhanklikheid van die liggaam van Christus (die kerk) beklemtoon. Die hoofstuk beklemtoon hoe elke lid van die kerk, toegerus met verskillende gawes deur die Heilige Gees, bydra tot die welstand en funksionering van die hele gemeenskap.

Sleutelverse:

1 Korintiërs 12:4-6 (AFR83): "Daar is wel 'n verskeidenheid van genadegawes, maar dit is dieselfde Gees; daar is verskeidenheid van bedieninge, maar dit is dieselfde Here; en daar is verskeidenheid van werkinge, maar dit is dieselfde God wat alles in almal werk."

1 Korintiërs 12:7 (AFR83): "Aan elkeen word 'n openbaring van die Gees gegee met die oog op wat nuttig is."

Hier is die vertaling van die gegewe teks in Afrikaans:

1 Korintiërs 12:12-14 (AFR83): "Want net soos die liggaam een is en baie lede het, en al die lede van daardie een liggaam, alhoewel baie, een liggaam is, so ook Christus. Want ons is almal deur een Gees gedoop tot een liggaam... Want die liggaam bestaan nie uit een lid nie, maar uit baie."

God se Wysheid in 1 Korintiërs 12

Diversiteit van Gawes wat Goddelike Wysheid Reflekteer:

Die verskeidenheid geestelike gawes wat in verse 8-10 genoem word (soos wysheid, kennis, geloof, genesing, wonderwerke, profesie, onderskeiding van geeste, tale en uitleg van tale) toon God se wysheid in die skep van 'n diverse maar tog verenigde gemeenskap. God se wysheid blyk uit hoe hierdie gawes mekaar aanvul, wat verseker dat geen enkele individu of gawe oorheers nie, maar dat almal bydra tot die algemene voordeel. Dit weerspieël 'n balans en onderlinge afhanklikheid wat Goddelike insig in menslike behoeftes en gemeenskapsdinamika toon.

Eenheid in Diversiteit:

Paulus beklemtoon dat hoewel daar baie gawes is, daar net een Gees is wat dit gee, wat die eenheid te midde van diversiteit onderstreep (verse

4-6). Hierdie eenheid in diversiteit weerspieël die harmonieuse kompleksiteit van die skepping self, 'n kenmerk van Goddelike wysheid. Die analogie van die liggaam in verse 12-27 illustreer hoe verskillende lede (individue met verskillende gawes) almal noodsaaklik en met mekaar verbind is. Dit weerspieël God se wysheid in die ontwerp van 'n stelsel waar diversiteit die eenheid versterk eerder as om dit te verminder, wat 'n meer veerkragtige en effektiewe gemeenskap moontlik maak.

Doelgerigte Verspreiding:

God se wysheid is duidelik in hoe die Heilige Gees gawes "soos Hy wil" versprei (vers 11). Dit dui op 'n doelgerigte en doelbewuste toekenning, waar elke gawe 'n spesifieke funksie en doel in die liggaam van Christus dien. Die wysheid lê in die versekering dat die kerk alles het wat nodig is om sy sending te vervul en effektief te funksioneer, met elke lid toegerus vir sy unieke rol. Hierdie beplande verspreiding voorkom dat enige persoon of groep geestelike mag monopoliseer, en bevorder wedersydse afhanklikheid en nederigheid.

Opbouing en Algemene Voordeel:

Die doel van die gawes is vir die "algemene voordeel" (vers 7), wat beteken die algemene welstand en opbouing van die kerk. God se wysheid verseker dat geestelike gawes nie vir individuele verheerliking is nie, maar vir die voordeel van die hele gemeenskap. Hierdie beginsel stem ooreen met Goddelike wysheid wat gemeenskap, onselfsugtigheid, en diensbaarheid waardeer, wat verseker dat die gawes die kerk kollektief opbou eerder as om individue te verhef.

Onderlinge Afhanklikheid en Waarde van Elke Lid:

Paulus se analogie van die liggaam (verse 12-27) beklemtoon die belangrikheid van elke lid, ongeag hul rol. Elke deel, van die oog tot die hand tot die voet, is onmisbaar. Dit weerspieël God se wysheid in die ontwerp van 'n stelsel waar elke individu se bydrae noodsaaklik en waardevol is. Hierdie onderlinge afhanklikheid verseker dat die sterkpunte en swakhede van individuele lede mekaar uitbalanseer, wat 'n gevoel van nederigheid, samewerking, en wedersydse respek bevorder.

God se wysheid hier bevorder 'n holistiese en inklusiewe benadering tot gemeenskapslewe.

Aanmoediging van Eenheid en Harmonie:

God se wysheid word gedemonstreer in die bevordering van eenheid en harmonie binne die kerk deur die diversiteit van gawes. Die verspreiding van gawes deur die Gees voorkom verdeeldheid en bevorder 'n gevoel van behoort en wedersydse ondersteuning. Deur te verseker dat geen enkele gawe of individu selfonderhoudend is nie, moedig God se wysheid gelowiges aan om saam te werk, mekaar se bydraes te waardeer, en die eenheid van die Gees in die band van vrede te handhaaf.

Bevordering van Groei en Volwassenheid:

Die verskillende gawes dra by tot die geestelike groei en volwassenheid van die kerk. Wysheid in hierdie konteks behels die kweek van 'n gemeenskap waar lede groei in geloof, liefde, en geestelike begrip. Hierdie groei weerspieël God se wysheid in die skepping van 'n dinamiese en lewende gemeenskap wat voortdurend ontwikkel, aanpas en volwasse word, wat dit voorberei vir uitdagings en sy vermoë om te dien en getuienis af te lê, uitbrei.

Teologiese Implikasies van God se Wysheid in 1 Korintiërs 12

Soewereiniteit en Alwetendheid:

Die verspreiding van gawes volgens die wil van die Gees weerspieël God se soewereine beheer en alwetende begrip van wat die beste is vir die kerk. Dit wys dat God, in Sy wysheid, die verskeidenheid van gawes orkestreer om Sy goddelike doelwitte te bereik.

Nederigheid en Diens:

Die klem op die algemene welstand en onderlinge afhanklikheid beklemtoon die waarde van nederigheid en diens. God se wysheid moedig gelowiges aan om mekaar te dien met hulle gawes, wat Christus se voorbeeld van nederigheid en opofferende liefde weerspieël.

Eschatologiese Visie:

Die eenheid en verskeidenheid van die kerk as 'n liggaam weerspieël 'n eschatologiese visie van die koninkryk van God, waar alle nasies, stamme en tale verenig is in aanbidding en diens. Hierdie wysheid wys na die uiteindelike versoening en eenheid wat vervul sal word in God se koninkryk.

Praktiese Toepassing van God se Wysheid uit 1 Korintiërs 12

Waardering vir Elke Lid:

Erken en waardeer die verskeidenheid van gawes in die kerk. Moedig elke lid aan om hulle gawes te gebruik tot voordeel van die gemeenskap, deur 'n omgewing te bevorder waar almal se bydraes waardeer word.

Bevordering van Eenheid:

Werk aan eenheid binne die kerk deur te fokus op gemeenskaplike doelwitte en die gemeenskaplike sending van die verkondiging van die evangelie en diens aan ander, en erken dat verskeidenheid die kerk eerder versterk as verswak.

Aanmoediging van Groei:

Moedig geestelike groei en ontwikkeling aan deur geleenthede te bied vir lede om hulle gawes te ontdek en te gebruik, wat bydra tot die algehele gesondheid en volwassenheid van die kerk.

Bevordering van Wedersydse Ondersteuning:

Kweek 'n kultuur van wedersydse ondersteuning en afhanklikheid waar lede bereid is om mekaar te help en op mekaar te steun, wat die onderlinge verweefheid en solidariteit van die liggaam van Christus weerspieël.

Hoofstuk 10: Geestelike gawe: Woord van kennis

Boodskap van Kennis (Woord van Kennis):

Boonste-natuurlike insig of kennis oor 'n persoon of situasie wat nie natuurlik bekend is nie.

Die deel van kennis wat duidelikheid of oortuiging bring, dikwels in berading of bediening, wat God se intieme bewustheid van spesifieke behoeftes of omstandighede bevestig.

Die "Woord van Kennis" of "Boodskap van Kennis" is een van die geestelike gawes wat in die Nuwe Testament genoem word, veral in 1 Korintiërs 12. Dit behels die ontvangs van 'n spesifieke openbaring of insig van die Heilige Gees wat begrip of inligting verskaf wat nie natuurlik bekend is aan die individu nie. Hier is 'n diepgaande verkenning van hierdie geestelike gave volgens die Woord van God

Definisie en Aard van die Woord van Kennis

Definisie:

Die Woord van Kennis verwys na 'n boonste-natuurlike openbaring wat deur die Heilige Gees gegee word en insig bied in 'n situasie, persoon, of gebeurtenis wat nie toeganklik is deur natuurlike middele nie. Dit is 'n spesifieke, tydige en insiggewende stuk inligting wat 'n spesifieke doel in God se plan dien.

Skriftuurlike Grondslag:

1 Korintiërs 12:8 (AFR53): "Want aan een word deur die Gees die woord van wysheid gegee, en aan 'n ander die woord van kennis deur dieselfde Gees."

Onderskeiding van die Woord van Wysheid:

Die Woord van Kennis verskil van die Woord van Wysheid daarin dat dit betrekking het op kennis of begrip van feite of waarhede, terwyl die Woord van Wysheid handel oor die toepassing van daardie kennis op 'n wyse en godvrugtige manier.

Doel en Funksie van die Woord van Kennis

Openbaring van Verborgen Waarhede:

Die Woord van Kennis openbaar verborge waarhede of besonderhede wat nie deur natuurlike waarneming of leer bekend is nie. Dit bied insig in God se perspektief of plan in 'n gegewe situasie.

Aanmoediging en Opbouing:

Hierdie gawe word gebruik om die kerk aan te moedig en op te bou. Dit bring duidelikheid, begrip, en soms bevestiging van God se teenwoordigheid en optrede in spesifieke omstandighede.

Rigting en Leiding:

Die Woord van Kennis kan rigting gee vir individue of groepe, wat hulle help om God se wil en doel te verstaan. Dit bied leiding oor hoe om voort te gaan in spesifieke situasies.

Bevestiging en Validering:

Dit dien as 'n manier om ander openbarings of besluite te bevestig en te valideer, wat verseker dat die pad wat gevolg word, in ooreenstemming is met God se wil.

Genees en Bevryding:

Hierdie gawe word dikwels gebruik in die konteks van genesing en bevryding, waar dit spesifieke areas openbaar wat God se ingryping nodig het en gerigte gebed en bediening moontlik maak.

Bybelse Voorbeelde van die Woord van Kennis

Jesus en die Samaritaanse Vrou:

Johannes 4:16-18 (AFR53): Jesus het spesifieke besonderhede oor die lewe van die Samaritaanse vrou geopenbaar, kennis wat Hy nie natuurlik sou kon weet nie, wat 'n diepgaande bo-natuurlike insig demonstreer.

"Jesus sê vir haar: Gaan, roep jou man en kom hierheen. Die vrou antwoord en sê: Ek het geen man nie. Jesus sê vir haar: Jy het reg gesê: Ek het geen man nie, want jy het vyf mans gehad, en dié wat jy nou het, is nie jou man nie. Dit het jy reg gesê."

Petrus en Ananias:

Handelinge 5:3-4 (AFR53): Petrus het kennis ontvang van Ananias se bedrog rakende die verkoop van eiendom, wat die leuen ontbloot het en gelei het tot 'n ernstige konfrontasie met Ananias.

"Maar Petrus sê: Ananías, hoekom het Satan jou hart vervul dat jy gelieg het teen die Heilige Gees en 'n deel van die prys van die grond terughou? Terwyl dit onverkoopbaar was, was dit nie joune nie; en nadat dit verkoop was, was dit in jou mag. Waarom het jy hierdie ding in jou hart gevat? Jy het nie teen mense gelieg nie, maar teen God.

"Paulus se Visie van Ananías:

Handelinge 9:11-12 (AFR53): Paulus het 'n woord van kennis ontvang oor Ananías wat kom om sy gesig te herstel, met spesifieke besonderhede oor die ontmoeting.

"En die Here het vir hom gesê: Sta op en gaan na die straat wat genoem word Reguit, en vra in die huis van Judas vir een met die naam Saulus van Tarsus, want kyk, hy bid en het in 'n gesig gesien dat 'n man met die naam Ananías kom en sy hand op hom lê, sodat hy sy gesig weer kan sien."

Werking van die Woord van Kennis

Deur die Heilige Gees:

Die Woord van Kennis word deur die Heilige Gees gegee, wat bo-natuurlike begrip en openbaring aan individue gee. Dit is nie gebaseer op menslike vermoë of intelligensie nie, maar op die werk van die Gees.

Openbaringsvorme:

Die openbaring kan kom deur verskeie middele soos gesigte, drome, innerlike indrukke, hoorbare woorde of 'n skielike wetenskap. Dit word dikwels ontvang op 'n wyse wat duidelik en onderskeidelik vir die ontvanger is.

Toepassing en Optrede:

Die ontvanger van 'n Woord van Kennis word dikwels geroep om daarna op te tree, hetsy deur dit met ander te deel of deur dit te gebruik om hulle optrede te lei. Dit vereis onderskeiding en sensitiwiteit vir die lei van die Gees.

Toetsing en Bekragtiging:

Soos ander geestelike gawes, behoort die Woord van Kennis getoets en bekragtig te word om te verseker dat dit in lyn is met die Skrif en God se karakter. Dit behels om bevestiging te soek by ander volwasse gelowiges en dit te vergelyk met Bybelse waarhede.

Teologiese Implikasies van die Woord van Kennis

God se Alwetendheid:

Die Woord van Kennis demonstreer God se alwetendheid, wat openbaar dat Hy alles weet en intiem bewus is van elke besonderheid in ons lewens en omstandighede.

God se Intimiteit met Sy Mense:

Hierdie gawe weerspieël God se begeerte om persoonlik en direk met Sy mense te kommunikeer, deur leiding, aanmoediging en begrip in spesifieke situasies te bied.

Bemagtiging van Gelowiges:

Die Woord van Kennis bemagtig gelowiges om meer doeltreffend te bedien, deur hulle toe te rus om met God se insig en leiding op situasies te reageer.

Opbou van die Kerk:

Hierdie gawe speel 'n belangrike rol in die opbou en geestelike groei van die kerk, deur eenheid, aanmoediging en geestelike groei onder gelowiges te bevorder.

Praktiese Aspekte van die Woord van Kennis

Sensitiwiteit vir die Heilige Gees:

Om doeltreffend in die Woord van Kennis te bedien, moet gelowiges 'n sensitiwiteit vir die Heilige Gees kweek, deur aandagtig te wees op Sy aansporings en leiding.

Nederigheid en Gehoorsaamheid:

Dit vereis nederigheid en 'n bereidwilligheid om God se leiding te gehoorsaam, met die besef dat die gawe vir Sy eer en die voordeel van ander is, nie vir persoonlike erkenning of gewin nie.

Wysheid in Die Uitvoering:

Wanneer 'n Woord van Kennis oorgedra word, is dit belangrik om dit met wysheid, liefde, en respek vir die ontvanger te doen. Dit verseker dat die boodskap ontvang word in die gees waarvoor dit bedoel is en konstruktief is.

Verantwoordelikheid en Integriteit:

Gelowiges behoort in hierdie gawe te werk met verantwoordelikheid en integriteit, en strewe daarna om God te eer en die kerk getrou te dien. Dit sluit in om oop te wees vir korreksie en leiding van ander.

Aanmoediging om die Woord van Kennis na te jaag

Begeer Geestelike Gawes:

Gelowiges word aangemoedig om geestelike gawes te begeer, insluitend die Woord van Kennis, as 'n manier om die kerk op te bou en God se koninkryk te bevorder (1 Korintiërs 14:1).

Soek God se Leiding:

By die soek na en gebruik van die Woord van Kennis, behoort gelowiges te bid vir God se leiding en oop te wees vir Sy leiding, en vertrou dat Hy die nodige openbaring en insig sal gee.

Kweek Geloof:

Om in hierdie gawe te bedien, vereis geloof, deur te glo dat God sal openbaar wat nodig is en dat Hy gelowiges sal gebruik om Sy doelwitte te vervul.

Praktyseer Onderskeiding:

Onderskeiding is noodsaaklik in die ontvangs en toepassing van 'n Woord van Kennis, om seker te maak dat die boodskap in lyn is met God se wil en die Skrif, en dat dit op 'n manier oorgedra word wat God eer en ander seën.

Opsomming en Afsluiting

CHRISTHA BARNARD

Die Woord van Kennis is 'n diepgaande geestelike gave wat behels om bo-natuurlike insig of inligting van die Heilige Gees te ontvang. Dit dien om verborge waarhede te openbaar, leiding te gee, en die kerk te op te bou. Bybelse voorbeelde soos Jesus met die Samaritaanse vrou en Petrus met Ananías illustreer die krag en impak van hierdie gave. Gelowiges word aangemoedig om hierdie gave met nederigheid, sensitiwiteit, en 'n begeerte om God en ander te dien, na te streef. Deur die Woord van Kennis word God se alwetendheid en intieme sorg vir Sy mense vertoon, wat gelowiges bemagtig om doeltreffend te bedien en Sy koninkryk te bevorder

Hoofstuk 11: Geloof

Geloof:

Buitengewone vertroue in God se beloftes, krag, en teenwoordigheid, dikwels leiend tot merkwaardige dade van vertroue en volharding.

Om onwrikbare vertroue in God te toon tydens beproewinge, wat ander inspireer om in God se getrouheid te glo en te vertrou.

Volharding in geloof is 'n sentrale tema in die Bybel, en dit word betekenisvol beklemtoon in verskeie gedeeltes van die King James Version (AFR53). Hierdie konsep behels standvastigheid, volharding, en die vermoë om getrou te bly aan God en Sy beloftes, selfs in die aangesig van beproewinge, moeilikhede, en versoekings. Hier is 'n diepgaande verkenning van volharding in geloof.

Bybelse Grondslag van Volharding in Geloof

Definisie van Volharding:

Volharding, in die konteks van geloof, verwys na die vermoë om deur uitdagings te volhard en getrouheid aan God te handhaaf. Dit is die vermoë om vas en standvastig te bly in een se geloof, ten spyte van teenkanting of moeilikheid.

Sleutelverse oor Volharding:

Hebreërs 12:1 (AFR53): "Daarom dan, nadat ons so 'n groot wolk van getuies rondom ons het, laat ons ook elke las afleê en die sonde wat ons so maklik omring, en met volharding die wedloop loop wat voor ons gelê is."

Jakobus 1:12 (AFR53): "Salig is die man wat versoeking verdra; want as hy beproef is, sal hy die kroon van die lewe ontvang wat die Here beloof het aan die wat Hom liefhet."

Romeine 5:3-4 (KJV): "En nie alleen dit nie, maar ons roem ook in die verdrukkinge, omdat ons weet dat die verdrukking lydsaamheid bewerk, en die lydsaamheid beproefdheid, en die beproefdheid hoop."

Die Belangrikheid van Volharding in Geloof

Toetsing en Versterking van Geloof:

Volharding in geloof is noodsaaklik vir die toetsing en versterking van 'n persoon se geloof. Beproewinge en verdrukkinge dien as geleenthede om geloof te bewys en te verfyn, wat lei tot geestelike groei en volwassenheid (Jakobus 1:2-4).

Beloofde Belonings:

Die Bybel belowe belonings vir diegene wat getrou volhard. Byvoorbeeld, Jakobus 1:12 noem die "kroon van die lewe" vir diegene wat standhoudend bly onder beproewinge. Hierdie beloning simboliseer ewige lewe en God se goedkeuring vir standvastigheid.

Getuie vir Ander:

Volhardende geloof dien as 'n kragtige getuienis vir ander, wat die werklikheid van God se teenwoordigheid en krag in 'n gelowige se lewe demonstreer. Dit bied 'n getuienis van God se getrouheid en die transformerende krag van geloof (Hebreërs 12:1).

Bybelse Voorbeelde van Volharding Job se Volharding: Job is 'n tipiese voorbeeld van volharding in geloof. Ten spyte van swaar beproewinge, insluitend die verlies van familie, gesondheid en rykdom, het Job sy geloof in God behou en is hy uiteindelik herstel en geseën selfs meer as voorheen (Job 42:10-17).

Abraham se Getrouheid: Abraham het volharding gedemonstreer deur te vertrou op God se belofte van 'n seun en die vader van baie nasies te word, ten spyte daarvan dat hy baie jare moes wag vir die vervulling van daardie belofte (Genesis 21:1-7).

Paulus se Volharding: Die Apostel Paulus het verskeie swaarkrye verduur, insluitend gevangenskap, aframmelinge en skipe wat sink, maar het volhard in sy missie om die evangelie te verkondig (2 Korintiërs 11:23-28).

Jesus se Uiteindelike Volharding: Jesus Christus is die hoogste voorbeeld van volharding in geloof, deur die kruis te verdra vir die vreugde wat voor Hom gelê was, en sodoende God se plan van redding te vervul (Hebreërs 12:2).

Praktiese Aspekte van Volharding in Geloof Vertroue in God se Beloftes: Volharding in geloof behels om te vertrou op God se beloftes en Sy getrouheid, selfs wanneer omstandighede moeilik of onseker lyk. Hierdie vertroue is gewortel in die oortuiging dat God se planne uiteindelik vir ons welstand is (Jeremia 29:11).

Gebed en Afhanklikheid van God: Gebed is noodsaaklik vir die handhawing van volharding. Dit behels om God se krag en leiding te soek, om swakhede te bely, en om op Sy krag te steun om te volhard (Filippense 4:13).

Gemeenskap en Aanmoediging:

Gemeenskap met mede-gelowiges bied onderlinge ondersteuning en aanmoediging, wat help om volharding te handhaaf. Die geloofsgemeenskap bied 'n bron van krag en verantwoordelikheid (Hebreërs 10:24-25).

Studie van die Skrif:

Gereelde studie van die Skrif help om volharding op te bou deur gelowiges te herinner aan God se getrouheid, wysheid te verskaf, en voorbeelde van standvastige geloof te bied (Romeine 15:4).

Teologiese Besinning oor Volharding

Heiligingsproses:

Volharding is deel van die heiligingsproses, waar gelowiges geleidelik omgeskep word in die gelykenis van Christus. Beproewinge en volharding dra by tot hierdie proses, wat karakter en geloof vorm (Romeine 8:28-29).

Hoop en Ewige Perspektief:

Volharding in geloof bevorder hoop, wat gelowiges aanmoedig om 'n ewige perspektief te handhaaf. Dit help gelowiges om te fokus op die ewige belonings en die toekomstige vervulling van God se beloftes, eerder as huidige moeilikhede (2 Korintiërs 4:16-18).

Geestelike Oorlogvoering:

Volharding is noodsaaklik in geestelike oorlogvoering, wat gelowiges in staat stel om vas te staan teen geestelike teenstand en standvastig te bly in hul geloof en toewyding aan God (Efesiërs 6:10-18).

Aanmoediging vir Volharding in Geloof

God se Getrouheid:

Gelowiges kan troos vind in die besef dat God getrou is en hulle nie toelaat om beproewinge te ervaar wat hulle nie kan deurstaan nie. Hy gee die krag en genade wat nodig is om vol te hou (1 Korintiërs 10:13).

Teenwoordigheid van die Heilige Gees:

Die Heilige Gees woon binne gelowiges en verskaf die krag, leiding, en troos wat nodig is om vol te hou. Die teenwoordigheid van die Gees is 'n bron van voortdurende aanmoediging en krag (Romeine 8:26-27).

Blydskap in Lyding:

Volharding word dikwels vergesel deur blydskap, omdat gelowiges besef dat beproewinge tydelik is en dat God werk vir hulle uiteindelike goeie en groei. Hierdie blydskap is gewortel in geloof en die versekering van God se liefde (Jakobus 1:2-3).

Opsomming en Afsluiting

Volharding in geloof is 'n kernaspek van die Christelike lewe wat 'n standvastige toewyding aan God weerspieël, ten spyte van uitdagings. Dit behels om te vertrou op God se beloftes, Sy krag te soek, en getrou te bly deur beproewinge. Bybelse voorbeelde soos Job, Abraham, en Paulus bied kragtige illustrasies van volhardende geloof, terwyl praktiese stappe soos gebed, gemeenskap, en Skrifstudie die volharding ondersteun. Volharding in geloof bevorder geestelike groei, versterk hoop, en bied 'n getuienis van God se getrouheid, wat uiteindelik lei tot die vervulling van God se beloftes en ewige belonings. Deur die Heilige Gees se bemagtiging en God se getrouheid is gelowiges toegerus om te volhard en te floreer in hul geloofspad.

Hoofstuk 12: Geestelike Gawe van Genesing

Gawes van Genesing:

Die vermoë om fisiese, emosionele of geestelike kwale te genees deur goddelike ingryping.

Om te bid vir en getuies te wees van genesings, wat hoop en verligting bring aan diegene wat ly aan siekte of nood, en wat God se medelye en krag toon.

Die "Gawes van Genesing" is een van die geestelike gawes wat in die Nuwe Testament genoem word, spesifiek in die konteks van die Heilige Gees se bemagtigende werk binne die kerk. Hierdie gawes behels die bonatuurlike vermoë om siektes en kwale te genees deur goddelike krag. Hierdie gawe word gegee vir die voordeel van die kerk en om God se medelye, krag en heerlikheid te openbaar. Hier is 'n diepte-ontleding van die gawes van genesing.

Bybelse Grondslag vir die Gawes van Genesing

Primêre Skrif:

1 Korintiërs 12:9 (AFR53): "aan 'n ander weer geloof deur dieselfde Gees, en aan 'n ander genadegawes van gesondmaking deur dieselfde Gees;"

Ander Sleutelverse:

Markus 16:17-18 (AFR53): "17En vir die wat geglo het, sal hierdie tekens volg: in my Naam sal hulle duiwels uitdryf, met nuwe tale sal hulle spreek,

18 slange sal hulle opneem; en as hulle iets dodeliks drink, sal dit hulle geen kwaad doen nie; op siekes sal hulle die hande lê, en hulle sal gesond word."

Jakobus 5:14-15 (AFR53): "14Is daar iemand siek onder julle? Laat hom die ouderlinge van die gemeente inroep, en laat hulle oor hom bid nadat hulle hom in die Naam van die Here met olie gesalf het.

15En die gebed van die geloof sal die kranke red, en die Here sal hom oprig. Selfs as hy sonde gedoen het, sal dit hom vergewe word."

Aard van die Gawes van Genesing

Bonatuurlike Bemagtiging:

Die gawes van genesing is 'n bonatuurlike bemagtiging deur die Heilige Gees, wat individue in staat stel om siektes en kwale te genees wat buite natuurlike of mediese vermoëns is.

Veelvuldige Manifestasies:

Die term "gawes van genesing" (meervoud) dui daarop dat daar verskeie soorte genesing vir verskillende siektes of toestande mag wees, en dat hierdie gawe op verskeie maniere deur verskillende mense kan werk.

Doel en Funksie:

Die gawes van genesing is bedoel om God se medelye en krag aan die wêreld te demonstreer. Dit dien om mense se lyding te verlig en hul geloof te versterk deur 'n tasbare vertoon van God se liefde en omgee.

Hierdie gawes speel ook 'n sleutelrol in evangelisasie en bedieningswerk, aangesien genesing dikwels dien as 'n teken wat mense se aandag trek en hulle ontvanklik maak vir die boodskap van die evangelie. Bybelse genesings getuig van God se almag en Sy hart vir mense, en bevestig die waarheid van die Christelike geloof.

Gelowiges wat met hierdie gawe bemagtig word, word dikwels geroep om in spesifieke omstandighede op te tree, byvoorbeeld om te bid oor siekes of om genesing te bedien in 'n bedieningsopset. Die werking van hierdie gawe vereis geloof, gehoorsaamheid en 'n sensitiewe hart vir die Heilige Gees se leiding.

Praktiese Aspekte:

Om die gawes van genesing te beoefen, vereis 'n diepe afhanklikheid van die Heilige Gees en 'n bereidwilligheid om as 'n instrument van God se genesende krag te dien. Dit is belangrik om te erken dat genesing altyd volgens God se wil en tydsberekening plaasvind, en dat die bedienaar 'n nederige en gehoorsame houding moet handhaaf.

Gebed en toewyding is ook belangrik, aangesien die gawe van genesing dikwels deur 'n proses van intense voorbidding en vertroue op God se beloftes ontwikkel en versterk word. Die doel is om God se koninkryk te bevorder en Sy liefde en genade aan die wêreld te toon deur die bonatuurlike genesing wat deur Sy Gees werk.

Die hoofdoel van die gawes van genesing is om God se krag en medelye te demonstreer, om fisiese en emosionele herstel te bring, en om die evangelieboodskap te bevestig.

Voorbeelde van Genesing in die Bybel

Genesing deur Jesus:

Matteus 4:23-24 (AFR53): "23En Jesus het deur die hele Galiléa rondgegaan en in hulle sinagoges geleer en die evangelie van die koninkryk verkondig en elke siekte en elke kwaal onder die volk genees.

24En die gerug aangaande Hom is versprei oor die hele Sírië; en hulle het na Hom gebring almal wat ongesteld was, wat gekwel was deur allerhande siektes en pyne en wat van duiwels besete was, en maansiekes en verlamdes; en Hy het hulle gesond gemaak."

Johannes 9:6-7 : Jesus het 'n man wat blind gebore was, genees deur klei met Sy speeksel te maak, dit op die man se oë te smeer, en hom te beveel om in die bad van Siloam te was. Dit het gelei tot die herstel van sy sig.

Genesing deur die Apostels:

Handelinge 3:6-7: Petrus en Johannes het 'n verlamde man by die tempelpoort, wat van geboorte af nie kon loop nie, genees. Petrus het gesê, "In die Naam van Jesus Christus van Nasaret, staan op en loop," en die man is onmiddellik genees.

Handelinge 19:11-12 God het buitengewone wonders deur die hande van Paulus gedoen, sodat selfs doeke of voorskote van sy liggaam af geneem en op die siekes gesit is, en die siektes het van hulle gewyk en die bose geeste het uitgegaan.

Genesing deur Gelowiges:

Markus 16:17-18: Jesus het beloof dat genesing een van die tekens sou wees wat gelowiges sou vergesel, wat aandui dat hierdie gawe nie beperk is tot 'n paar uitgesoekte mense nie, maar beskikbaar is vir die breër Christelike gemeenskap.

Teologiese Implikasies van Genesing

Demonstrasie van God se Koninkryk:

Genesing is 'n tasbare demonstrasie van God se koninkryk wat in die huidige wêreld deurbreek. Dit bied 'n voorsmaak van die volledige genesing en herstel wat sal kom in die volheid van God se koninkryk.

Medelye en Genade:

Die gawes van genesing weerspieël God se medelye en genade, en onthul Sy begeerte vir die heelheid en welstand van Sy skepping. Dit demonstreer Sy liefde en sorg vir sowel fisiese as geestelike behoeftes.

Bevestiging van die Evangelie:

Genesings dien as 'n teken om die waarheid en krag van die evangelieboodskap te bevestig. Dit bekragtig die aansprake van Christus en die gesag van dié wat in Sy Naam preek (Markus 16:20).

Geloof en Vertroue in God:

Die werking van genesingsgawes moedig geloof en vertroue in God aan, aangesien gelowiges tasbare bewyse sien van Sy krag en getrouheid. Dit help om vertroue te bou in God se vermoë om in die fisiese ryk in te gryp.

Praktiese Aspekte van die Genesingsbediening

Geloof en Verwagtendheid:

Geloof speel 'n kritieke rol in die werking van genesingsgawes. Beide die persoon wat bedien en die een wat genesing ontvang, word dikwels geroep om geloof te beoefen, in vertroue op God se krag om te genees (Jakobus 5:15).

Gebed en Salwing:

Die handeling van gebed vir die siekes en die salwing met olie is 'n algemene praktyk wat geassosieer word met genesing, wat die aanroeping van God se genesende krag en die toewyding van die individu vir God se spesiale aandag beteken (Jakobus 5:14-15).

Opsomming en Gevolgtrekking

Die gawes van genesing is 'n uiters belangrike deel van die Christelike lewe, wat 'n konkrete demonstrasie bied van God se liefde en medelye, asook 'n kragtige bevestiging van die evangelieboodskap. Hierdie gawes is bedoel om die kerk te bou, mense se lyding te verlig, en om God se krag en heerlikheid aan die wêreld te toon.

Deur geloof, gebed, en 'n afhanklikheid van die Heilige Gees, kan gelowiges hierdie gawes beoefen en sodoende deelneem aan die bevordering van God se koninkryk en die vertroosting van Sy mense.

Sensitiwiteit vir die Heilige Gees:

Dié wat betrokke is by genesingsbediening moet sensitief wees vir die leiding van die Heilige Gees, onderskei hoe en wanneer om vir genesing te bid, en oop wees vir die verskillende maniere waarop God kan kies om te genees.

Medelye en Sorg:

'n Genesingsbediening moet gekenmerk word deur medelye en sorg vir die siekes, met fokus op hul holistiese welstand en die verskaffing van ondersteuning, bemoediging, en pastorale sorg.

Uitdagings en Oorwegings in Genesing

God se Soewereiniteit:

Nie alle gebede vir genesing lei tot onmiddellike of sigbare genesing nie. Die gawes van genesing funksioneer onder God se soewereine wil, en Sy doeleindes met betrekking tot die toestaan of weerhou van genesing mag soms buite menslike begrip wees (2 Korintiërs 12:7-10).

Geduld en Volharding:

Gelowiges word opgeroep om geduld en volharding te behou, en om voort te gaan om God te vertrou en vir genesing te bid, selfs wanneer resultate nie dadelik sigbaar is nie (Hebreërs 10:36).

Holistiese Genesing:

Genesing behels meer as net fisiese herstel; dit sluit emosionele, geestelike en geestelike herstel in. 'n Holistiese benadering tot genesingsbediening spreek die hele persoon en hul verskeie behoeftes aan.

Etiese en Pastorale Sensitiwiteit:

Sensitiwiteit vir die individu se omstandighede en toestemming is van kardinale belang. Genesingsbediening moet altyd met respek, sorg en sensitiwiteit vir die persoon se waardigheid en outonomie uitgevoer word.

Aansporing vir die Nastreef van Genesingsgawes

Verlang en Bid vir Gawes:

Gelowiges word aangemoedig om geestelike gawes, insluitend genesing, te verlang en ywerig te bid vir hul manifestasie binne die kerk (1 Korintiërs 14:1).

Tree uit in Geloof:

Om in die gawes van genesing te funksioneer, vereis dat jy in geloof optree, gewillig is om vir ander te bid en te glo in God se ingryping, selfs in skynbaar onmoontlike situasies.

Leer en Groei:

Betrek jouself by leer en groei in die begrip van hoe genesingsgawes funksioneer, soek wysheid uit die Skrif, ervare mentors, en die leiding van die Heilige Gees.

Gee God die Eer:

Gee altyd God die eer vir enige genesing wat plaasvind, erken dat dit Sy krag is wat werk, en dat Hy die uiteindelike bron van alle genesing en herstel is.

Opsomming en Gevolgtrekking

Die gawes van genesing is 'n noodsaaklike uitdrukking van die Heilige Gees se werk binne die kerk, wat bonatuurlike ingryping bied vir fisiese, emosionele en geestelike kwale. Gegrond in die Nuwe Testament en geïllustreer deur Jesus en die apostels, demonstreer hierdie gawes God se medelye, krag en die teenwoordigheid van Sy koninkryk. Hulle dien om die evangelieboodskap te bevestig, geloof te bou, en God se liefde en sorg te manifesteer. Gelowiges word aangemoedig om hierdie gawes te verlang, te bid vir hul werking, en daarin te funksioneer met sensitiwiteit, geloof en nederigheid, altyd met die doel om God te verheerlik en ander te seën. Deur die gawes van genesing is die kerk toegerus om die hele mens te bedien, behoeftes aan te spreek en 'n kragtige getuienis te lewer van die werklikheid van God se liefde en krag.

Hoofstuk 13: Die Geestelike Gawe van Wonderwerke

Wonderwerke:

Die vermoë om wonderwerke te verrig wat natuurlike wette oortref en God se krag en gesag demonstreer.

Om getuienis te lewer van of deel te neem aan gebeurtenisse wat duidelik God se bonatuurlike ingryping manifesteer, wat geloof versterk en die aandag op God se soewereiniteit vestig.

Die geestelike gawe van "Wonderwerke," ook bekend as die "werking van wonderwerke," is een van die gawes van die Heilige Gees wat in die Nuwe Testament genoem word. Dit behels die bonatuurlike vermoë om dade te verrig wat Goddelike krag toon, wat dikwels natuurlike wette en menslike vermoëns oortref. Hierdie dade dien om God se gesag te openbaar, die evangelie te bevestig, en om buitengewone behoeftes op buitengewone wyses aan te spreek. Hier is 'n diepgaande verkenning van wonderwerke:

Bybelse Basis vir Wonderwerke

Primêre Skrifgedeelte:

1 Korintiërs 12:10 (AFR53): "Aan 'n ander die werking van kragte; aan 'n ander profesie; aan 'n ander onderskeiding van geeste; aan 'n ander allerhande tale; aan 'n ander die uitleg van tale."

Ander Sleutelverse:

Handelinge 19:11-12 (AFR53): "En God het buitengewone kragte deur die hande van Paulus gedoen, sodat selfs doeke of voorskote van sy liggaam afgeneem en op die siekes gelê is, en die siektes het van hulle gewyk en die bose geeste het uitgegaan."

Markus 16:17-18 (AFR53): "En vir die wat geglo het, sal hierdie tekens volg: In my Naam sal hulle duiwels uitdryf; hulle sal met nuwe tale spreek; hulle sal slange opneem; en as hulle iets dodeliks drink, sal dit hulle geen kwaad doen nie; hulle sal hande op siekes lê, en hulle sal gesond word."

Aard van Wonderwerke

Bonatuurlike Dade:

Wonderwerke verwys na dade wat natuurlike wette en menslike vermoëns oortref. Hierdie dade openbaar God se direkte ingryping en krag op buitengewone en dikwels ontluisterende wyses.

Verskeidenheid van Manifestasies:

Die term "werking van wonderwerke" omvat 'n wye reeks bonatuurlike aktiwiteite, insluitend maar nie beperk tot genesings, duiweluitdrywings, natuurwonderwerke, en voorsieningswonderwerke nie.

Doel en Funksie:

Die primêre doel van wonderwerke is om God se oppergesag te demonstreer, die egtheid van Sy boodskap en boodskappers te bevestig, en spesifieke behoeftes aan te spreek op maniere wat slegs deur Goddelike ingryping bereik kan word.

Voorbeelde van Wonderwerke in die Bybel

Wonderwerke deur Jesus:

Verander Water in Wyn:

Jesus het Sy eerste opgetekende wonderwerk by die bruilof in Kana verrig deur water in wyn te verander (Johannes 2:1-11 AFR53).

Voed die Vyf Duisend:

Jesus het vyf brode en twee visse vermenigvuldig om 'n menigte te voed, wat Sy krag oor voorsiening gedemonstreer het (Johannes 6:5-14 AFR53).

Voorbeelde van Wonderwerke in die Bybel

Wonderwerke deur Jesus:

Verander Water in Wyn:

Jesus het Sy eerste wonderwerk by die bruilof in Kana verrig deur water in wyn te verander (Johannes 2:1-11 AFR53).

Voed die Vyf Duisend:

Jesus het vyf brode en twee visse vermenigvuldig om 'n menigte te voed, wat Sy krag oor voorsiening gedemonstreer het (Johannes 6:5-14 AFR53).

Dieologiese Implikasies van Wonderwerke

Demonstrasie van God se Koninkryk:

Wonderwerke is 'n tasbare demonstrasie van God se koninkryk wat in die huidige wêreld deurbreek. Dit bied 'n voorsmakie van die volledige genesing en herstel wat sal kom in die volheid van God se koninkryk.

Medelye en Genade:

Die gawes van wonderwerke reflekteer God se medelye en genade, wat Sy begeerte openbaar vir die heelheid en welsyn van Sy skepping. Hulle demonstreer Sy liefde en sorg vir beide fisiese en geestelike behoeftes.

Bevestiging van die Evangelie:

Wonderwerke dien as 'n teken om die waarheid en krag van die evangelieboodskap te bevestig. Dit valider die aansprake van Christus en die gesag van dié wat in Sy naam preek (Markus 16:20).

Geloof en Vertroue in God:

Die werking van wondergawes moedig geloof en vertroue in God aan, aangesien gelowiges tasbare bewyse sien van Sy krag en getrouheid. Dit help om vertroue te bou in God se vermoë om in die fisiese ryk in te gryp.

Praktiese Aspekte van Genesingsbediening

Geloof en Verwagtendheid:

Geloof speel 'n deurslaggewende rol in die werking van wondergawes. Beide die persoon wat bedien en die een wat genesing ontvang, word dikwels geroep om geloof te beoefen, en vertrou op God se krag om te genees (Jakobus 5:15).

Gebed en Salwing:

Die daad van bid vir die siekes en hulle met olie salf is 'n algemene praktyk wat met genesing geassosieer word, wat die aanroeping van God se genesende krag en die afsondering van die individu vir God se spesiale aandag aandui (Jakobus 5:14-15).

Sensitiwiteit vir die Heilige Gees

Dié wat genesings bedien, moet sensitief wees vir die leiding van die Heilige Gees, onderskei hoe en wanneer om vir genesing te bid, en oop wees vir die verskillende maniere waarop God kan kies om te genees.

Medelye en Sorg

'n Genesingsbediening moet gekenmerk word deur medelye en sorg vir die siekes, met fokus op hul holistiese welstand en die verskaffing van ondersteuning, bemoediging, en pastorale sorg.

Uitdagings en Oorwegings in Genesing

God se Soewereiniteit:

Nie alle gebede vir genesing lei tot onmiddellike of sigbare genesing nie. Die gawes van genesing funksioneer onder God se soewereine wil, en Sy doeleindes met betrekking tot die toestaan of weerhou van genesing mag soms buite menslike begrip wees (2 Korintiërs 12:7-10).

Geduld en Volharding:

Gelowiges word opgeroep om geduld en volharding te behou, en om voort te gaan om God te vertrou en vir genesing te bid, selfs wanneer resultate nie dadelik sigbaar is nie (Hebreërs 10:36).

Holistiese Genesing:

Genesing behels meer as net fisiese herstel; dit sluit emosionele, geestelike en geestelike herstel in. 'n Holistiese benadering tot genesingsbediening spreek die hele persoon en hul verskeie behoeftes aan.

Etiese en Pastorale Sensitiwiteit:

Sensitiwiteit vir die individu se omstandighede en toestemming is van kardinale belang. Genesingsbediening moet altyd met respek, sorg en sensitiwiteit vir die persoon se waardigheid en outonomie uitgevoer word.

Aansporing vir die Nastreef van Genesingsgawes

Verlang en Bid vir Gawes:

Gelowiges word aangemoedig om geestelike gawes, insluitend genesing, te verlang en ywerig te bid vir hul manifestasie binne die kerk (1 Korintiërs 14:1).

Tree uit in Geloof:

Om in die gawes van genesing te funksioneer, vereis dat jy in geloof optree, gewillig is om vir ander te bid en te glo in God se ingryping, selfs in skynbaar onmoontlike situasies.

Leer en Groei:

Betrek jouself by leer en groei in die begrip van hoe genesingsgawes funksioneer, soek wysheid uit die Skrif, ervare mentors, en die leiding van die Heilige Gees.

Gee God die Eer:

Gee altyd God die eer vir enige genesing wat plaasvind, erken dat dit Sy krag is wat werk, en dat Hy die uiteindelike bron van alle genesing en herstel is.

Opsomming en Gevolgtrekking

Die gawes van genesing is 'n noodsaaklike uitdrukking van die Heilige Gees se werk binne die kerk, wat bonatuurlike ingryping bied vir fisiese, emosionele en geestelike kwale. Gegrond in die Nuwe Testament en geïllustreer deur Jesus en die apostels, demon

Wonderwerke

Op die Water Loop:

Jesus het op die See van Galilea geloop en Sy gesag oor die natuur getoon (Matteus 14:25 AFR53).

Wonderwerke deur die Apostels

Genesing van die Lam Man:

Petrus en Johannes het 'n man, wat van geboorte af lam was, by die tempelpoort genees; hy het daarna geloop, gespring en God geprys (Handelinge 3:1-10 AFR53).

Opwekking van Tabita:

Petrus het Tabita (ook bekend as Dorkas) in Joppe uit die dood opgewek, wat God se mag oor lewe en dood geïllustreer het (Handelinge 9:36-42 AFR53).

Wonderwerke in die Ou Testament

Deur die Rooisee:

Moses het, deur God se krag, die Rooisee oopgekloof, wat die Israeliete in staat gestel het om uit Egipte te ontsnap (Eksodus 14:21-22 AFR53).

Elia en die Weduwee se Olie:

Die profeet Elia het 'n weduwee tydens 'n hongersnood wonderbaarlik 'n onuitputlike voorraad olie voorsien (1 Konings 17:14-16 AFR53).

Dieologiese Implikasies van Wonderwerke

God se Soewereiniteit en Krag:

Wonderwerke demonstreer God se soewereine krag oor die skepping, lewe en omstandighede. Hulle bevestig Sy vermoë om in die natuurlike wêreld in te gryp en uitkomste te verander volgens Sy wil.

Bevestiging van die Evangelie:

Wonderwerke dien as 'n Goddelike seël wat die waarheid van die evangelie en die gesag van God se boodskappers bevestig. Hulle verskaf tasbare bewyse dat God se boodskap eg en betroubaar is (Markus 16:20 AFR53).

Demonstrasie van God se Medelye:

Wonderwerke voldoen dikwels aan dringende menslike behoeftes, wat God se medelye en begeerte om lyding te verlig reflekteer. Hulle openbaar Sy sorg en omgee vir die welsyn van individue en gemeenskappe.

Inspirasie van Geloof:

Om wonderwerke te aanskou, inspireer geloof en versterk gelowiges se vertroue in God. Dit verseker hulle van Sy aktiewe teenwoordigheid en krag in hul lewens (Johannes 20:30-31 AFR53).

Werking van Wonderwerke

Deur die Heilige Gees:

Wonderwerke word deur die Heilige Gees gegee, wat gelowiges in staat stel om dade te verrig wat God se krag openbaar en Sy doelwitte bereik (1 Korintiërs 12:10 AFR53).

In Reaksie op Geloof:

Geloof speel dikwels 'n kritieke rol in die werking van wonderwerke, hetsy dit die geloof van die persoon wat die wonderwerk verrig, of die geloof van diegene wat dit ontvang, is (Matteus 17:20 AFR53).

Verskeie Kontekste en Behoeftes:

Wonderwerke kan in 'n wye verskeidenheid kontekste uitgeoefen word, insluitend genesing, voorsiening, bevryding en beskerming. Hulle spreek spesifieke behoeftes en uitdagings op buitengewone wyses aan.

Vir God se Eer:

Die uiteindelike doel van wonderwerke is om God te verheerlik, Sy grootheid te toon en mense te trek om Hom te aanbid en te eer (Johannes 11:4 AFR53).

Praktiese Aspekte van Wonderwerke

Verlang na Geestelike Gawes:

Gelowiges word aangemoedig om geestelike gawes, insluitend die werking van wonderwerke, te begeer en na te streef vir die opbou van die kerk en die bevordering van God se koninkryk (1 Korintiërs 14:1 AFR53).

Bid vir Wonderwerke:

Om vir wonderwerke te bid, behels dat ons God vra om in spesifieke situasies in te gryp, en te glo dat Hy in staat is om te bereik wat menslik onmoontlik is (Markus 11:24 AFR53).

Tree in Vrymoedigheid en Geloof op:

Om in wonderwerke te funksioneer, vereis vrymoedigheid en geloof, wat ons toelaat om met vertroue op te tree dat God deur Sy bonatuurlike krag sal optree (Handelinge 4:29-30 AFR53).

Opsomming

Die geestelike gawe van wonderwerke is 'n kragtige manifestasie van die Heilige Gees se werking in die lewe van gelowiges. Dit toon God se bonatuurlike ingryping in die natuurlike wêreld en bevestig die egtheid van die evangelieboodskap. Deur wonderwerke, of dit nou genesing, voorsiening, bevryding of beskerming is, openbaar God Sy soewereiniteit en krag, inspireer geloof, en voorsien in menslike behoeftes op maniere wat Sy grootheid en medelye toon. Gelowiges word aangemoedig om hierdie gawe te begeer en te bid vir die werking van wonderwerke, sodat hulle God se doelwitte kan bereik en Sy koninkryk kan bevorder deur geloof en vrymoedigheid.

Behoud van Nederigheid:

Dit is belangrik om nederig te bly en alle eer aan God te gee, met die besef dat wonderwerke 'n demonstrasie van Sy genade is en nie 'n weerspieëling van persoonlike verdienste nie (Johannes 15:5 AFR53).

Uitdagings en Oorwegings in 'n Wonderbediening

God se Soewereiniteit en Tydsberekening:

Nie alle gebede vir wonderwerke word onmiddellik of op die manier waarop ons dit verwag, beantwoord nie. Dit is noodsaaklik om op God se soewereine wil en tydsberekening te vertrou, selfs wanneer uitkomste verskil van ons verwagtinge (Romeine 8:28 AFR53).

Onderskeiding en Wysheid:

Onderskeiding is van kardinale belang om te bepaal wanneer en hoe om vir wonderwerke te bid, terwyl ons God se leiding en wysheid soek om seker te maak dit is in lyn met Sy wil en doeleindes (Jakobus 1:5 AFR53).

Vermy Sensasionalisme:

Die fokus moet wees op die verheerliking van God en die vervulling van werklike behoeftes, eerder as om aandag te soek of wonderwerke te sensasionaliseer. Die integriteit van die bediening moet gehandhaaf word (Matteus 6:1-4 AFR53).

Begrip van Wonderwerke en Geloof:

Alhoewel geloof 'n belangrike komponent is, is dit belangrik om te verstaan dat die afwesigheid van 'n sigbare wonderwerk nie noodwendig 'n gebrek aan geloof weerspieël nie. God se planne en doeleindes is kompleks en veelvlakkig (2 Korintiërs 12:7-10 AFR53).

Aanmoediging om Wonderwerke na te Jaag

Soek God se Teenwoordigheid:

Bou 'n diep verhouding met God, soek Sy teenwoordigheid en leiding. Hierdie nabyheid aan God bevorder sensitiwiteit vir die Heilige Gees en ontvanklikheid vir Sy wonderwerkende werk (Johannes 15:7 AFR53).

Omhels 'n Lewe van Gebed:

Betrek jou in 'n lewe van gebed, met voorspraak vir wonderwerke in verskeie gebiede van behoefte. Gebed is 'n kragtige middel om met God se krag te verbind en Sy ingryping te nooi (Filippense 4:6-7 AFR53).

Vertrou op God se Goedheid:

Vertrou op God se goedheid en Sy begeerte om wonderwerke te werk tot voordeel van Sy mense. Benader Hom met vertroue, wetende dat Hy in staat is en gewillig is om namens Sy kinders op te tree (Matteus 7:11 AFR53).

Getuig van God se Krag:

Deel getuienisse van God se wonderwerkende werke om geloof te inspireer en ander aan te moedig om op God se krag en voorsiening te vertrou. Getuienisse is 'n kragtige manier om die boodskap van God se grootheid te versprei (Openbaring 12:11 AFR53).

Opsomming en Gevolgtrekking

Die gawe van wonderwerke is 'n beduidende uitdrukking van die Heilige Gees se werking binne die kerk, wat God se gesag, medelye en oppergesag oor die skepping demonstreer. Hierdie dade van goddelike ingryping, wat in die Nuwe Testament gegrondves is en deur Jesus en die apostels voorbeelde stel, bevestig die evangelie, vervul dringende behoeftes en inspireer geloof. Gelowiges word aangemoedig om hierdie gawes te begeer, daarvoor te bid en daarin te funksioneer met geloof, nederigheid en 'n hart om God te verheerlik. Deur die werking van wonderwerke word die kerk bemagtig om te getuig van die werklikheid van God se liefde en krag, en bied 'n tasbare demonstrasie van Sy koninkryk wat in die wêreld aan die werk is.

Hoofstuk 14: Geestelike Gawe van Profesie

Profesie:

Die spreek van boodskappe van God, wat dikwels vermaning, opbouing en soms die voorspelling van toekomstige gebeure behels.

Deel tydige, God-gegewe boodskappe wat individue of gemeenskappe aanmoedig, reghelp of lei, en help hulle om in lyn te kom met God se wil.

Profesie deur die Heilige Gees

Profesie deur die Heilige Gees is 'n beduidende en veelvlakkige konsep binne Christelike teologie en praktyk. Dit behels die kommunikasie van goddelike boodskappe of openbaringe, wat dikwels bedoel is om individue en die breër kerkgemeenskap op te bou, aan te moedig of te lei. Hier is 'n diepgaande verkenning van profesie deur die Heilige Gees:

Definisie en Aard van Profesie

Profesie Gedefinieer:

Profesie, in 'n Bybelse konteks, verwys na die handeling om boodskappe van God aan mense oor te dra. Dit behels dikwels die voorspel van toekomstige gebeure (voorspellende profesie) of die verkondiging van God se waarheid en wil in 'n spesifieke situasie (onderrigende profesie).

Rol van die Heilige Gees:

Die Heilige Gees is die bron van profetiese openbaring, wat individue bemagtig en inspireer om boodskappe van God oor te dra.

Profesie is een van die geestelike gawes wat in 1 Korintiërs 12:10 genoem word en is noodsaaklik vir die groei en leiding van die kerk.

Skriftuurlike Grondslag

Ou-Testamentiese Profete:

In die Ou Testament was profete soos Jesaja, Jeremia en Esegiël geïnspireer deur die Gees van God om Sy boodskappe te spreek. Hierdie profesieë het oproepe tot bekering, voorspellings van toekomstige gebeure en openbaringe van God se planne en doeleindes ingesluit.

Nuwe-Testamentiese Profesie:

In die Nuwe Testament bly profesie 'n noodsaaklike bediening binne die kerk. Die Heilige Gees word gesien as die bemagtiger van profetiese gawes, soos blyk uit gedeeltes soos 1 Korintiërs 12:10 en 14:1-5. Die Nuwe Testament beklemtoon dat profesie bedoel is om die kerk op te bou, aan te moedig en te vertroos (1 Korintiërs 14:3).

Pinkster en die Uitskudding van die Gees:

Die gebeurtenis van Pinkster in Handelinge 2 het die uitskudding van die Heilige Gees oor alle gelowiges gemerk, wat die profesie van Joël 2:28-29 vervul dat God Sy Gees op alle mense sou uitstort, wat lei tot profesie, visioene en drome. Dit dui op die demokratiese verdeling van profetiese gawes, wat dit toeganklik maak vir alle gelowiges, ongeag geslag, ouderdom of sosiale status.

Kenmerke en Funksies van Profetiese Bediening

Opbouing en Aanmoediging:

Profesie dien om die kerk op te bou, deur aanmoediging, versterking en vertroosting aan gelowiges te bied. Dit is daarop gemik om geestelike groei en volwassenheid te bevorder (1 Korintiërs 14:3-4).

Openbaring en Leiding:

Profesie verskaf openbaring en leiding, wat individue en gemeenskappe help om God se wil in spesifieke situasies te onderskei. Dit kan helderheid, rigting en begrip bring aangaande God se doeleindes en planne.

Korreksie en Oortuiging:

Profesie speel ook 'n rol in die reghelp van verkeerde optrede en die oortuiging van sonde, wat individue of gemeenskappe aanmoedig om te draai van verkeerde weë en nader aan God te leef. Dit bring mense tot bekering en herstel van 'n regte verhouding met God.

Bediening van Profesie

God-gegewe Boodskappe:

Deel profesieë wat direk van God gegee is om individue of gemeenskappe aan te moedig en op te bou. Hierdie boodskappe moet altyd in ooreenstemming wees met die Woord van God en kan insig bied in persoonlike situasies of groter gemeenskapsaangeleenthede.

Verantwoordelikheid en Verantwoordingspligtigheid:

Wees verantwoordelik en aan die kerk verantwoordbaar wanneer u profesieë deel. Dit verseker dat die boodskappe nie misbruik word nie en dat die persoon wat die profesie gee, optree in ooreenstemming met Bybelse beginsels en die leiding van die Heilige Gees.

Dissipline en Leer:

Soek voortdurende dissipline en leer oor die funksionering van die profetiese gawe. Dit behels gebed, studie van die Skrif en leer by meer ervare gelowiges.

Aanmoediging om Profetiese Gawes na te Jaag

Verlang en Bid vir Gawes:

Gelowiges word aangemoedig om geestelike gawes te begeer, insluitend die gawe van profesie, en om vurig te bid vir hulle manifestasie binne die kerk (1 Korintiërs 14:1).

Stap Uit in Geloof:

Bediening in profetiese gawes vereis dat u in geloof optree, gereed om God se leiding te volg en Sy boodskappe met moed en vertroue oor te dra.

Leer en Groei:

Raak betrokke by leer en groei in die begrip van hoe profetiese gawes funksioneer, en soek wysheid uit die Skrif, ervare mentors, en die leiding van die Heilige Gees.

Verheerlik God:

Gee altyd die eer aan God vir enige profetiese openbaringe, en erken dat dit Sy krag is wat aan die werk is en dat Hy die uiteindelike bron van alle wysheid en leiding is.

Opsomming en Gevolgtrekking

Die gawe van profesie is 'n kragtige uitdrukking van die Heilige Gees se werking binne die kerk, wat God se wil en bedoelings openbaar en gelowiges lei en opbou. Dit is gegrond in die Bybel en deur Jesus en die apostels se bediening geïllustreer. Profesie dien om die kerk op te bou, aan te moedig en te vertroos, terwyl dit ook as 'n riglyn dien om God se wil en planne te onderskei. Gelowiges word aangemoedig om hierdie gawe te begeer, daarvoor te bid en dit te beoefen met geloof, nederigheid en 'n hart om God te verheerlik. Deur die profetiese bediening word die kerk toegerus om 'n kragtige getuienis te wees van God se liefde en krag, en Sy koninkryk in die wêreld te demonstreer.

PROFETIESE BOODSKAPPE kan Korreksie insluit

Profetiese boodskappe kan korreksie insluit, wat gelowiges oproep tot bekering en hulle in lyn bring met God se standaarde en geregtigheid. Dit bring dikwels oortuiging van sonde en dring daarop aan om terug te keer na trou en gehoorsaamheid aan God.

Voorspelling van Toekomstige Gebeure

Sommige profesieë behels die voorspelling van toekomstige gebeure en dien as waarskuwings, aanmoediging, of bevestiging van God se soewereiniteit en plan. Voorspellende profesieë kan God se beheer oor die geskiedenis bevestig en gelowiges verseker van Sy uiteindelike plan.

Bevestiging van God se Woord

Profesie bevestig en versterk dikwels God se woord en beloftes, wat versekering bied en geloof versterk. Dit bevestig die waarhede van die Skrif en die betroubaarheid van God se beloftes.

Die Proses van Ontvang en Oordra van Profesie

Ontvang van Profesie:

Profesie word ontvang deur die inspirasie van die Heilige Gees, wat dikwels visioene, drome, innerlike indrukke, of hoorbare boodskappe behels. Profete moet sensitief wees vir die Gees se leiding en oop wees om goddelike openbaringe te ontvang.

Toetsing en Onderskeiding:

Profesieë moet getoets en onderskei word om te verseker dat hulle in lyn is met die Skrif en God se karakter en doeleindes weerspieël (1 Tessalonisense 5:20-21, 1 Johannes 4:1). Dit behels die evaluering van die profesie se inhoud, gees, en impak om die egtheid en goddelike oorsprong daarvan te bepaal.

Oordra van Profesie:

Profete moet boodskappe met nederigheid, duidelikheid, en respek vir die ontvangers oordra. Hulle moet God se woord akkuraat kommunikeer op 'n wyse wat die kerk opbou en aanmoedig. Profetiese boodskappe moet in liefde oorgedra word sonder om persoonlike gewin of erkenning te soek.

Die Rol van Profesie in die Kerk

Aanmoediging van Geestelike Groei:

Profesie speel 'n belangrike rol in die aanmoediging van geestelike groei, deur insigte en rigtings te verskaf wat volwassenheid bevorder en gelowiges se verhouding met God verdiep.

Bevordering van Eenheid en Opbouing:

Profetiese boodskappe bevorder dikwels eenheid en opbouing binne die kerk, wat gelowiges help om op God se wil en doel te fokus, en mekaar te ondersteun in hul geestelike reis.

Toerusting vir Bediening:

Profesie toerus gelowiges vir bediening deur God se planne en doeleindes te openbaar, leiding te gee oor hoe om doeltreffend te dien, en die gebruik van geestelike gawes in die gemeenskap aan te moedig.

Geestelike Oorlogvoering en Voorbidding:

Profesie is van kardinale belang in geestelike oorlogvoering en voorbidding, wat insigte gee in geestelike stryd en gelowiges toerus om doeltreffend te bid en teen geestelike teenstand stand te hou.

Bybelse Voorbeelde van Profesie

Agabus:

Agabus, 'n Nuwe-Testamentiese profeet, het akkuraat 'n hongersnood (Handelinge 11:28) en Paulus se gevangenskap (Handelinge 21:10-11) voorspel, wat die rol van profesie in die verskaffing van spesifieke en impakvolle openbaringe demonstreer.

Filippus se Dogters:

Filippus se vier dogters wat geprofeteer het (Handelinge 21:9) toon aan dat profetiese gawes nie beperk was tot 'n uitgesoekte groep nie, maar versprei was onder die breër gemeenskap, insluitend vroue en jonger gelowiges.

Paulus se Vermaning:

Paulus se vermaning in 1 Korintiërs 14 moedig gelowiges aan om ywerig na die gawe van profesie te streef, wat die waarde daarvan vir die opbouing van die kerk en die verkondiging van God se woord beklemtoon.

Profetiese Verantwoordelikheid en Verantwoordingspligtigheid

Profetiese bediening bring groot verantwoordelikheid mee. Profete moet getrou wees aan God se woord en die integriteit van hul bediening handhaaf. Hulle moet gereeld hul hart en motiewe ondersoek en seker maak dat hulle optree in gehoorsaamheid aan die leiding van die Heilige Gees. Profetiese verantwoordingspligtigheid sluit in om rekenskap te gee aan geestelike leierskap en om oop te wees vir toetsing en evaluering van hul profetiese boodskappe om te verseker dat hulle opreg en eg is, in lyn met God se wil en die Skrif.

ETIESE VERANTWOORDELIKHEID

Profete het 'n verantwoordelikheid om boodskappe met integriteit oor te dra, wat verseker dat hulle in lyn is met God se karakter en doeleindes. Hulle moet vermy om profetiese gawes te manipuleer of te misbruik vir persoonlike gewin of invloed.

Verantwoordbaarheid binne die Gemeenskap

Profete is verantwoordelik teenoor die breër kerkgemeenskap en moet hul boodskappe onderwerp aan die ondersoek en onderskeiding van ander volwasse gelowiges. Dit help om die integriteit en gesondheid van die profetiese bediening te handhaaf.

Nederigheid en Onderwerping

Profete moet nederigheid beoefen en hulle onderwerp aan God se gesag en die toesig van kerk leierskap. Hulle moet erken dat hul gawe een van vele is en bydra tot die kerk se algehele missie en welstand.

Gevolgtrekking

Profesie deur die Heilige Gees is 'n dinamiese en noodsaaklike aspek van die Christelike geloof en praktyk. Dit behels die ontvangs en kommunikasie van goddelike openbarings wat die kerk opbou, lei, regstel, en aanmoedig. Profesie demonstreer die Heilige Gees se aktiewe teenwoordigheid in die lewe van gelowiges, wat insigte en rigting verskaf wat geestelike groei, eenheid, en doeltreffendheid in bediening bevorder. Deur nederigheid, onderskeiding, en verantwoordbaarheid, dien die profetiese bediening as 'n kragtige middel waardeur God se wysheid, wil, en doeleindes in die kerk geopenbaar en vervul word.

Verstaan die Verskil tussen 'n "Profeet in die Amp" en 'n "Profeetstem"

Die begrip van die verskil tussen 'n "profeet in die amp" en 'n "profeetstem" is belangrik binne die konteks van die Christelike teologie, veral in die charismatiese en Pinkster-tradisies. Kom ons breek hierdie terme af en verken hul definisies en verskille.

Definisies

Profeet in die Amp:

Definisie: 'n Profeet in die amp verwys na 'n individu wat 'n spesifieke rol of funksie binne die kerk beklee. Hierdie rol word erken as een van die vyfvoudige bedieninge wat in Efesiërs 4:11 genoem word, wat insluit apostels, profete, evangeliste, herders en leraars.

Kenmerke:

Geordende Rol: Hierdie individu word formeel erken en dikwels georden deur 'n kerk of denominasie om as 'n profeet te dien.

Aanhoudende Bediening: Hulle het 'n deurlopende bediening en is konstant betrokke by die leiding en opbouing van die kerk.

Gesag en Leierskap: Hulle beklee 'n posisie van gesag en word dikwels gesien as geestelike leiers wat help om die rigting van die kerk te vorm.

Gawes en Roeping: Hulle word geglo om 'n goddelike roeping en geestelike gawes te besit wat hulle toerus vir profetiese bediening, soos die gawe van profesie, onderskeiding, en soms, die vermoë om tekens en wonders te verrig.

Funksie: Hul rol sluit in om boodskappe van God te ontvang en oor te dra, leiding, regstelling, en soms, voorspelling van toekomstige gebeure wat relevant is vir die kerk of samelewing te verskaf.

Profeetstem:

Definisie: 'n Profeetstem verwys na iemand wat profeties praat sonder om noodwendig die amptelike titel of rol van 'n profeet te beklee. Hierdie persoon werk onder 'n profetiese salwing en lewer boodskappe van God soos geïnspireer.

Kenmerke:

Geleentheid-gewys Profeteer: Hulle mag nie 'n formele rol of deurlopende bediening hê nie, maar ontvang en lewer boodskappe van God op spesifieke geleenthede.

Geestelike Sensitiwiteit: Hulle is sensitief vir die Heilige Gees en kan God se stem onderskei, dikwels deur tydige woorde wat individue of gemeentes aanmoedig, opbou, of waarsku.

Geen Formele Amp: Hulle word nie amptelik erken as 'n profeet deur 'n kerk liggaam nie en mag nie dieselfde vlak van gesag of verantwoordelikheid hê as iemand in die amp van 'n profeet nie.

Verskeidenheid Agtergronde: Individue met 'n profeetstem kan uit verskillende lewensterreine kom en mag nie professionele geestelikes wees nie.

Funksie: Hulle dien as instrumente vir God se boodskappe, wat insigte, aanmoediging, of waarskuwings bied, maar sonder die formele verantwoordelikhede van 'n profeet in die amp.

Sleutelverskille

Rol en Erkenning:

Profeet in die Amp: Amptelik erken en dikwels georden deur die kerk. Hul rol word erken as deel van die kerk se leierskap.

Profeetstem: Nie amptelik erken deur die kerk nie en beklee nie 'n formele titel of posisie nie. Hul profetiese aktiwiteit is meer spontaan en situasioneel.

Gesag en Verantwoordelikheid:

Profeet in die Amp: Beklee 'n posisie van gesag binne die kerk en is verantwoordelik vir die leiding en opbouing van die gemeente of selfs breër gemeenskappe.

'n Profeet in die amp word amptelik erken as 'n geestelike leier wat formele gesag beklee en deurlopende verantwoordelikheid het om leiding en opbouing te verskaf. Hierdie persoon word dikwels georden en dien as deel van die kerk se vyfvoudige bedieninge, soos genoem in Efesiërs 4:11, wat apostels, profete, evangeliste, herders en leraars insluit. Hulle het 'n aanhoudende bediening en dra by tot die vorming van die kerk se rigting en geestelike volwassenheid. Hierdie profete word beskou as mense met 'n goddelike roeping en word toegerus met geestelike gawes, soos profesie, onderskeiding, en die vermoë om soms tekens en wonders te verrig. Hulle ontvang en kommunikeer boodskappe van God, bied leiding, regstelling en soms voorspel hulle toekomstige gebeure wat belangrik is vir die kerk of samelewing.

In teenstelling hiermee, is 'n profeetstem nie amptelik erken deur 'n kerk of denominasie nie en beklee geen formele titel of posisie nie. Hierdie persone bedien onder 'n profetiese salwing en lewer boodskappe van God wanneer hulle geïnspireer word. Hulle het geen deurlopende bediening of formele rol nie, maar is wel sensitief vir die Heilige Gees en kan God se stem onderskei. Hulle kan tydige woorde lewer wat individue of gemeentes aanmoedig, opbou of waarsku. Individue met 'n profeetstem kom uit verskillende lewensterreine en mag nie noodwendig professionele geestelikes wees nie. Hulle dien as instrumente vir God se boodskappe, wat insigte, aanmoediging of waarskuwings bied, maar sonder die formele verantwoordelikhede van 'n profeet in die amp.

Beide die profeet in die amp en die profeetstem speel belangrike rolle in die kerk se profetiese bediening, maar hul funksies en verantwoordelikhede verskil beduidend, met die profeet in die amp wat 'n meer gestruktureerde en erkende rol vervul, terwyl die profeetstem meer spontaan en situasioneel optree.

Profetiese Stem:

Mag dalk nie formele gesag binne die kerk hê nie, maar word steeds gerespekteer vir hul geestelike insigte en profetiese boodskappe.

Funksie en Omvang:

Profeet in die Amp:

Betrokke by deurlopende bediening met 'n breër omvang, wat dikwels die kerk se rigting en beleid beïnvloed en langtermyn geestelike toesig verskaf.

Profetiese Stem:

Verskaf spesifieke, dikwels situasionele, profetiese boodskappe wat nie noodwendig gekoppel is aan langtermyn leierskaprolle of verantwoordelikhede nie.

Verbintenis en Bediening:

Profeet in die Amp:

Beteken 'n toegewyde bediening wat dikwels gereelde lering, leiding, en verantwoordbaarheid aan die kerk liggaam vereis.

Profetiese Stem:

Kan onafhanklik optree, en bied profetiese woorde soos geïnspireer, sonder voortdurende bedieningsverantwoordelikhede.

Praktiese Voorbeelde

Profeet in die Amp:

'n Voorbeeld kan 'n kerkleier wees wat as 'n profeet erken word en gereeld leiding en rigting vir die kerk verskaf gebaseer op goddelike openbarings. Hierdie persoon mag ook betrokke wees by lering, dissipelskap, en soms die administrasie van kerksake.

Profetiese Stem:

'n Individu kan 'n profetiese woord ontvang tydens 'n gebedsbyeenkoms of kerkdiens en dit met die gemeente deel. Hierdie persoon mag nie 'n gereelde platform of formele rol in die kerk hê nie, maar lewer steeds 'n betekenisvolle boodskap van God.

Gevolgtrekking

Die begrip van die verskil tussen 'n profeet in die amp en 'n profetiese stem help om die verskillende maniere te erken waarop God met Sy mense kommunikeer. 'n Profeet in die amp verskaf deurlopende leierskap en profetiese leiding, terwyl 'n profetiese stem tydige, situasionele boodskappe bied wat bydra tot die opbouing en aanmoediging van die kerk of individue. Albei speel noodsaaklike rolle in die geestelike lewe van die kerk en reflekteer die veelsydige aard van profetiese bediening.

Hoofstuk 15: Geestelike gawe: Die onderskeiding van geeste

Onderskeiding van Geeste (Onderskeiding):

Die vermoë om die aard van geeste te onderskei en te herken of hulle van God, die duiwel, of menslike oorsprong is.

Om geestelike insig te bied in situasies of leerstellings, en die kerk te beskerm teen valse leerstellings en geestelike misleiding.

Spreek in Verskillende Soorte Tale (Tale):

Die vermoë om in tale te spreek wat nie voorheen aangeleer is nie, hetsy menslik of hemels, vir opbouing.

Om in tale te bid of te aanbid tydens persoonlike toewyding, of om hierdie gawe in korporatiewe aanbidding te gebruik met interpretasie vir gemeenskaplike opbouing.

Interpretasie van Tale:

Die vermoë om die boodskap wat in tale gespreek word te interpreteer sodat die kerk opgebou kan word.

Om begrip te gee van boodskappe wat in tale gespreek word in 'n kerkverband, sodat die hele gemeente voordeel trek uit die openbaring.

Gebed: Bid gereeld vir die Heilige Gees om jou geestelike gawes te openbaar en te ontwikkel.

Oopheid: Wees oop om die gawes in jouself en ander te ervaar en te erken.

Gebruik Gawes vir die Gemeenskaplike Welstand:

Diensbaarheid: Gebruik jou gawes om ander te dien en op te bou, hetsy in die kerk, gemeenskap, of werkplek.

Opbouing: Verseker dat die gebruik van jou gawes eenheid, aanmoediging, en groei onder gelowiges bevorder.

Ontwikkel en Groei:

Studie: Leer meer oor die gawes deur Bybelstudie, boeke, en leerstellings van volwasse Christene.

Praktyk: Stap uit in geloof en oefen jou gawes, en soek terugvoer en leiding van vertroude mentors.

Behou Nederigheid en Liefde:

Nederigheid: Erken dat die gawes van die Heilige Gees kom en nie 'n maatstaf van persoonlike waarde is nie.

Liefde: Tree op in liefde, soos beskryf in 1 Korintiërs 13, en verseker dat die gebruik van jou gawes gemotiveer word deur opregte omgee vir ander.

Onderskeiding en Orde:

Onderskeiding: Soek God se leiding om jou gawes toepaslik en effektief te gebruik.

Orde: Volg Bybelse beginsels vir ordelike aanbidding en die uitoefening van gawes, veral in korporatiewe omgewings, om verwarring te vermy en eerbied te handhaaf.

Die gawes van die Gees, soos uiteengesit in 1 Korintiërs 12:10, is divers en word gegee vir die gemeenskaplike welstand van die kerk. In die moderne lewe kan hierdie gawes in verskillende kontekste aangewend word om te dien, op te bou, en die liggaam van Christus te versterk. Deur hierdie gawes te soek, hulle met nederigheid en liefde te gebruik, en onderskeidingsvermoë en orde te handhaaf, kan gelowiges die krag en teenwoordigheid van die Heilige Gees effektief in hul daaglikse lewens manifesteer.

Hoofstuk 16: Bemagtiging vir God se Doeleindes

Bemagtiging vir God se Doeleindes

Rigters 6:34 (Gideon):

"Toe het die Gees van die Here oor Gideon gekom, en hy het op die ramshoring geblaas en die Abieseriete opgeroep om hom te volg."

Verduideliking:

Die Gees van die Here bemagtig individue soos Gideon vir spesifieke take. Dit dui op 'n verhouding waar die Heilige Gees mense in staat stel en versterk vir God se doeleindes.

1 Samuel 16:13 (Dawid):

"So het Samuel die horing met olie geneem en hom gesalf in die teenwoordigheid van sy broers, en van daardie dag af het die Gees van die Here kragtig oor Dawid gekom."

Verduideliking:

Die salwing van Dawid as koning deur Samuel merk 'n ander belangrike interaksie, waar die Heilige Gees oor Dawid kom om hom toe te rus vir sy toekomstige rol.

Nuwe Testamentiese Vervulling en Uitbreiding

Lukas 1:35 (Maria):

"Die engel het geantwoord: 'Die Heilige Gees sal oor jou kom, en die krag van die Allerhoogste sal jou oorskadu. Daarom sal die heilige wat gebore sal word die Seun van God genoem word.'"

Lukas 1:35 teken die aankondiging van die engel Gabriël aan Maria, wat sê: "Die Heilige Gees sal oor jou kom, en die krag van die Allerhoogste sal jou oorskadu. Daarom sal die heilige wat gebore sal word die Seun van God genoem word." Hierdie vers spreek van die wonderbaarlike konsepsie van Jesus, waar die Heilige Gees 'n sentrale rol in Maria se swangerskap gespeel het. Hoewel hierdie gebeurtenis uniek is in sy betekenis, hou die idee van die Heilige Gees wat individue oorskadu steeds relevansie vir gelowiges in die moderne wêreld. Hier is hoe:

Bemagtiging vir God se Doeleindes:

Net soos die Heilige Gees Maria bemagtig het vir 'n spesifieke doel om die Verlosser van die wêreld voort te bring, kan gelowiges vandag ook die Heilige Gees se bemagtiging ervaar vir God se doeleindes in hul lewens.

Die Heilige Gees toerus en stel individue in staat vir verskeie take, bedieninge, en roepinge, en bemagtig hulle om God se wil te vervul en sy koninkryk in die wêreld te bevorder.

Goddelike Leiding en Rigting:

Die Heilige Gees se oorskaduing dui op goddelike leiding en rigting. In die moderne wêreld kan gelowiges die Heilige Gees se leiding soek in besluitneming, en God se wil onderskei in hul persoonlike en professionele lewens.

Deur gebed, oorpeinsing van die Skrif, en luister na die Heilige Gees se aanmanings, kan individue die Gees se leidende teenwoordigheid ervaar, wat hulle lei op weë van geregtigheid en wysheid.

Transformasie en Vernuwing:

Die Heilige Gees se oorskaduing simboliseer 'n transformerende ontmoeting met God se teenwoordigheid. Net so kan gelowiges vandag die Heilige Gees se transformerende werk in hul harte en lewens ervaar.

Die Gees oortuig van sonde, lei tot bekering, en bring geestelike vernuwing en transformasie. Soos gelowiges hulleself oorgee aan die Heilige Gees se werk, word hulle progressief gelykvormig aan die beeld van Christus, en ervaar innerlike vernuwing en groei in heiligheid.

Intimiteit met God:

Die Heilige Gees se oorskaduing dui op 'n diep intieme verhouding met God. Gelowiges vandag kan intimiteit met God ontwikkel deur die inwonende teenwoordigheid van die Heilige Gees.

Deur gebed, aanbidding, en gemeenskap met God, kan gelowiges diep gemeenskap met die Heilige Gees ervaar, en die nabyheid en metgeselskap van die Drie-enige God ken.

Manifestasie van Geestelike Gawes:

Net soos die Heilige Gees se oorskaduing gelei het tot die wonderbaarlike konsepsie van Jesus, werk die Heilige Gees steeds bonatuurlik in die lewens van gelowiges, en manifesteer geestelike gawes vir die opbouing van die Kerk en die bevordering van God se koninkryk.

Gelowiges word deur die Heilige Gees bemagtig om in verskeie geestelike gawes te funksioneer soos profesie, genesing, onderskeiding, en tale, wat bydra tot die opbouing van die liggaam van Christus en die verkondiging van die Evangelie.

Opsommend, terwyl die spesifieke gebeurtenis wat in Lukas 1:35 beskryf word, uniek is aan Maria se ervaring, hou die konsep van die Heilige Gees wat individue oorskadu steeds voortgesette relevansie vir gelowiges in die moderne wêreld. Deur die inwonende teenwoordigheid en bemagtigende werk van die Heilige Gees, kan gelowiges goddelike leiding, transformasie, intimiteit met God, en die manifestasie van geestelike gawes ervaar, wat hulle in staat stel om hul geloof effektief en impakvol in die wêreld uit te leef.

Verduideliking:

Hierdie vers beklemtoon die Heilige Gees se rol in die inkarnasie van Jesus, wat 'n unieke en kragtige verhouding tussen die Heilige Gees en Maria toon, wat gelei het tot die geboorte van Christus.

Handelinge 2:1-4 (Pinkster):

"Toe die dag van Pinkster aanbreek, was hulle almal op een plek bymekaar. Skielik het daar 'n geluid soos die van 'n geweldadige stormwind uit die hemel gekom en die hele huis waarin hulle gesit het, gevul. Hulle het iets soos tonge gesien wat soos vuur gelyk het en wat geskei het en op elkeen van hulle gaan sit het. Almal is met die Heilige Gees vervul en het in ander tale begin praat soos die Gees dit aan hulle gegee het om uit te spreek."

Verduideliking:

Die gebeurtenis van Pinkster merk 'n belangrike oomblik waar die Heilige Gees uitgestort word op alle gelowiges, wat die profesie van Joël vervul en die begin van die Kerk inlui. Hierdie gebeurtenis vestig 'n nuwe en uitgebreide verhouding tussen die Heilige Gees en almal wat in Jesus Christus glo.

Gevolgtrekking:

Die verhouding tussen die Heilige Gees en mense begin in Genesis met die skeppingsverhaal en duur voort regdeur die Ou Testament, waar dit op verskeie maniere gemanifesteer word, soos bemagtiging, leiding, en inspirasie. Hierdie verhouding word volledig gerealiseer in die Nuwe Testament met die koms van Jesus Christus en die uitstorting van die Heilige Gees by Pinkster. Deur hierdie interaksies speel die Heilige Gees 'n deurslaggewende rol in die lewe, leiding, en bemagtiging van God se mense.

Hoofstuk 17: Ontvang die Heilige Gees

Ontvangs van die Heilige Gees

Beloftes van die Heilige Gees: Gelowiges word die gawe van die Heilige Gees beloof. Die Heilige Gees word gegee om die lewens van gelowiges te bemagtig, te lei en te transformeer, wat hulle in staat stel om volgens God se wil te leef.

Inwonende Teenwoordigheid: Die Heilige Gees neem sy intrek binne gelowiges, wat hulle verseël as kinders van God en toerus vir lewe en bediening.

Universele Uitnodiging

Insluitende Uitnodiging: Die uitnodiging tot bekering, doop, en ontvangs van die Heilige Gees word uitgebrei na "almal" sonder uitsondering. Dit is 'n universele oproep aan alle mense, ongeag hul agtergrond of status.

Toeganklikheid van Verlossing: Hierdie vers beklemtoon die toeganklikheid van verlossing vir almal wat in geloof reageer. Niemand is buite die bereik van God se genade en barmhartigheid nie.

Om die Heilige Gees en Sy Gawes te Ontvang is 'n Transformerende Ervaring wat die Bybel Aanmoedig dat Elke Gelowige Moet Soek.

Volgens die Bybel, is daar verskeie sleutelstappe en beginsels om die Heilige Gees en Sy gawes te ontvang.

Glo in Jesus Christus

Die eerste en belangrikste stap om die Heilige Gees te ontvang, is om in Jesus Christus as jou Here en Verlosser te glo. Geloof in Christus is die fondament waarop die Heilige Gees binne jou kom woon.

Johannes 7:38-39 (AFR53): "Hy wat in My glo, soos die Skrif gesê het, strome van lewende water sal uit sy binneste vloei. (En dit het Hy gesê van die Gees wat hulle wat in Hom glo, sou ontvang; want die Heilige Gees was nog nie gegee nie, omdat Jesus nog nie verheerlik was nie.)"

Bekering en Doop

Bekering, wat behels om weg te draai van sonde en na God te draai, is 'n deurslaggewende stap in die ontvangs van die Heilige Gees. Doop is ook 'n belangrike daad van gehoorsaamheid wat jou reiniging van sonde en jou nuwe lewe in Christus simboliseer.

Handelinge 2:38 (AFR53): "En Petrus sê vir hulle: Bekeer julle, en laat elkeen van julle gedoop word in die Naam van Jesus Christus tot vergewing van sondes, en julle sal die gawe van die Heilige Gees ontvang."

Vra in Geloof

Om God in geloof en met 'n opregte hart te vra vir die Heilige Gees is noodsaaklik. God beloof om die Heilige Gees te gee aan diegene wat Hom opreg soek.

Lukas 11:13 (AFR53): "As julle wat sleg is, dan weet hoe om goeie gawes aan julle kinders te gee, hoeveel te meer sal die hemelse Vader die Heilige Gees gee aan diegene wat Hom vra?"

Wees Oop en Gee Jou Oor aan God

Om jouself volledig aan God oor te gee en oop te wees vir Sy wil, stel die Heilige Gees in staat om in jou lewe te werk. Dit vereis nederigheid en 'n bereidwilligheid om God in beheer te laat wees.

Romeine 12:1 (AFR53): "Ek vermaan julle dan, broeders, by die ontferminge van God, dat julle julle liggame stel as 'n lewende offer, heilig, welgevallig aan God—dit is julle redelike godsdiens."

Leef in Gehoorsaamheid aan God se Woord

Om 'n lewe te lei wat gehoorsaam is aan God se opdragte en in lyn is met Sy Woord, skep 'n omgewing waar die Heilige Gees binne jou kan floreer.

Handelinge 5:32 (AFR53): "En ons is getuies van hierdie dinge, en ook die Heilige Gees, wat God gegee het aan die wat Hom gehoorsaam."

Soek God se Teenwoordigheid deur Gebed en Aanbidding

Gebed en aanbidding is kragtige maniere om met God te verbind en die teenwoordigheid van die Heilige Gees in jou lewe uit te nooi.

Handelinge 4:31 (AFR53): "En toe hulle gebid het, het die plek geskommel waar hulle bymekaar was; en hulle is almal vervul met die Heilige Gees en het die woord van God met vrymoedigheid gespreek."

Verlang Geestelike Gawes Ernstig

Dit word aangemoedig om geestelike gawes te verlang, maar dit is belangrik om hulle vir die regte redes te soek: om die kerk op te bou en God te verheerlik.

1 Korintiërs 12:31 (AFR53): "Maar begeer die beste gawes met erns; en ek wys julle nog 'n uitnemender weg."

1 Korintiërs 14:1 (AFR53): "Jaag die liefde na, en streef na die geestelike gawes, maar veral daarna dat julle mag profeteer."

Bly in Gemeenskap met Ander Gelowiges

Om in gemeenskap met ander gelowiges te wees, bied ondersteuning, aanmoediging, en verantwoordbaarheid, wat jou kan help om in jou geestelike reis te groei en die gawes van die Heilige Gees te ervaar.

Hebreërs 10:24-25 (AFR53): "En laat ons op mekaar ag gee om liefde en goeie werke aan te wakker; en nie ons eie vergadering verlaat soos sommige die gewoonte het nie, maar mekaar vermaan, en dit des te meer namate julle die dag sien nader kom."

Bestudeer en Oordink die Woord van God

Die Bybel is die lewende Woord van God, en om jou daarin te verdiep, help jou om die werk van die Heilige Gees te verstaan en hoe om Sy gawes te ontvang.

2 Timoteus 3:16-17 (AFR53): "Die hele Skrif is deur God ingegee en is nuttig tot lering, tot weerlegging, tot teregwysing, tot onderwysing

in geregtigheid, sodat die mens van God volkome kan wees, volkome toegerus vir elke goeie werk."

Wees Volhardend en Geduldig

Om die Heilige Gees en Sy gawes te ontvang, kan soms geduld en volharding vereis. Bly aanhou om God te soek en vertrou dat Hy Sy belofte op Sy perfekte tyd sal vervul.

Galasiërs 6:9 (AFR53): "En laat ons nie moeg word om goed te doen nie; want op die regte tyd sal ons maai as ons nie verslap nie."

Om die Heilige Gees en Sy gawes te ontvang, is 'n proses wat geloof, bekering, en 'n diep begeerte na God se teenwoordigheid en krag in jou lewe behels. Deur hierdie Bybelse beginsels te volg, kan jy jou hart oopmaak vir die transformerende werk van die Heilige Gees en die volheid van Sy gawes ervaar. Onthou om hierdie gawes te soek met die doel om God te dien en te verheerlik, en om die liggaam van Christus op te bou.

Don't miss out!

Visit the website below and you can sign up to receive emails whenever Christha Barnard publishes a new book. There's no charge and no obligation.

https://books2read.com/r/B-A-GQRAB-QHIMD

BOOKS2READ

Connecting independent readers to independent writers.

Did you love *Voetspore 3*? Then you should read *Voetspore 2*[1] by Christha Barnard!

Ontdek die betekenis van die doop deur 'n reis van geloof en herontdekkingHierdie boek bied insig in die doel en die krag van die doopDie doop het 'n kragtige betekenis in elke druppel waterVerken die diepte van hierdie betekenis en sy impak op individue en geloofsgemeenskappeGaan op 'n reis deur die geskiedenis en spiritualiteit van die doop.Hierdie boek beloof om 'n helder lig te werp op die doop se betekenis vir die moderne gelowigeOntbloot die geheime en krag van die doop in hierdie inspirerende boek.'n Lewensveranderende ervaring die pad na geloof verlig

---

1. https://books2read.com/u/4XNYg5

2. https://books2read.com/u/4XNYg5

Also by Christha Barnard

footloose
Footloose 3
Footloosc 2

Voetspore
Voetspore 3
Voetspore

Standalone
Hoekom Here?
From Depressed to Inspiration with Discipline
Why Lord?
Footloose
Voetspore 2

About the Author

Christha Barnard is gebore en opgegroei in Bethlehem in die Vrystaat, Suid Afrika. Op die ouderdom van vyf jaar is sy gedoop met die Heilige Gees en spreek in tale, waar die Here haar geroep het as 'n profeet vir die nasies. Sy het haar rug op God gedraai en die wêreld gaan dien. Sy het teruggedraai na die Here nadat die bose haar lewe vernietig het. Baie vroue het is in haar bediening bevry en genees deur die Heilige gees van geestelike bindinge en demone. Sy is die outeur van 3 boeke. Skryf inspirerende liede uit die Woord. Sy het 'n Bachelours Degre in Prophetic Ministry. Geordineer by School of Fire. Christha hou van bergklim, motorfiets ry, perdry en scuba duik. Hoog op in die berge en laag in die see waar sy God se skepping ervaar en beleef.